»... DER TOD ... WAR NICHT VERGEBENS«

Kurt Huber.

KURT HUBER ZUM GEDÄCHTNIS

»... der Tod ... war nicht vergebens«

Herausgegeben von
Clara Huber

nymphenburger

Biographische Notizen über die Mitarbeiter

Karl Voßler, Dr. phil., Geheimrat, geb. 6.9.1872 in Hohenheim, lebte in München als Universitätsprofessor für Romanistik

Clara Huber, geb. 12.8.1908 in Schwabhausen, Kreis Landsberg. Witwe von Universitätsprofessor Kurt Huber, lebt in München

Walter Riezler, Dr. phil., geb. 1878 in München, lebte als Universitätsprofessor für Musikgeschichte in Ebenhausen bei München

Alois Wenzl, Dr. phil., geb. 25.1.1887 in München, lebte in München als Universitätsprofessor für Philosophie

Hermine Maier, Dr. phil., geb. 5.11.1901 in Tirschenreuth, lebte in München als Studienrätin

Mirok Li, Dr. phil., geb. 8.3.1899 in Haidju (Korea), Studium der Biologie und Philosophie, lebte in Gräfelfing bei München als Schriftsteller

Carl Orff, geb. 10.7.1895 in München, lebte in St. Georgen als Komponist

© Nymphenburger Verlagshandlung GmbH, München 1986
Alle Rechte, auch der photomechanischen Vervielfältigung und des auszugsweisen Abdrucks, vorbehalten.
Schutzumschlaggestaltung: Wolf Bachmann, München
Satz: Fotosatz Pfeifer, Germering
Gesetzt aus der 10/12 p Garamond, System CRTronic 300
Druck und Binden: Ebner, Ulm
ISBN: 3-485-00523-1

INHALT

Kurt Huber zum Gedächtnis – vielleicht besteht über vierzig Jahre nach seinem Tod Anlaß dazu. Jedenfalls war es mein persönliches Bestreben, die Arbeit meines Mannes als Philosoph und Forscher aufzuzeigen; die tragischen Ereignisse um seinen Tod konnten seinen Leistungen keinen Abbruch tun.

Ich bin der *Nymphenburger Verlagsanstalt* besonders dankbar, daß sie mir, die ich mich nun schon dem Lebensabend nähere, die Gelegenheit gegeben hat, das in den letzten Jahrzehnten etwas einseitig gewordene und fast ausschließlich auf das volkskundliche Wirken meines Mannes konzentrierte Bild wieder zu erweitern.
Besonderen Dank schulde ich Herrn Dr. Dietzfelbinger von der *Nymphenburger Verlagsanstalt*, der mir stets beratend zur Seite stand. Ich danke allen, die zum Gelingen beigetragen haben, insbesondere Herrn Dr. Dieter Ihle und Herrn Prof. Dr. Werner Holzmüller, Leipzig, und Herrn Hans-Joachim Hecker vom Stadtarchiv München.

Clara Huber

KARL VOSSLER

Vorwort

Wer durch persönlichen Umgang mit Professor Kurt Huber bekannt geworden ist, sei es, daß er ihm als Schüler oder als Freund und Mitarbeiter oder als Kollege nahe kam, der wird sich schwerlich vorstellen, wie geheimnisvoll und rätselhaft dieser reich begabte vielseitige Mensch auf Fernerstehende gewirkt hat. Nicht daß er sich etwa ein außergewöhnliches Wesen gegeben oder in philosophischen oder künstlerischen Posen sich aufgespielt hätte. Ganz und gar nicht! Er war ein einfacher, von Grund aus natürlicher Mensch. Aber die Mitteilung fiel ihm schwer. Mit geläufigen Redensarten im geselligen Verkehr und mit fertigen, handlich verpackten Ergebnissen im akademischen Lehrbetrieb sich angenehm zu machen, das widersprach seiner bohrenden Innerlichkeit als Forscher und künstlerischen Ursprünglichkeit. Was ihm abgerundet und geschlossen entgegentrat, erweckte leicht seinen Verdacht und reizte ihn zu Kritik und zur Ironie. – Sehr zögernd nur und widerwillig gab er seine eigenen Arbeiten hinaus an die Öffentlichkeit, denn mit elementarem Ungestüm spornte und zügelte ihn das Gefühl, daß Vollendung im irdischen Dasein nicht erreicht wird und daß nur ein unablässig Streben danach uns läutern und beglücken kann. Wie viele seiner wissenschaftlichen Arbeiten sind Versuch und Wagnis geblieben! – Und Wagnis im äußer-

sten Sinn war sein Kampf gegen den Nationalsozialismus.

Wie unerträglich seinem kritischen Denken und seinem
christlichen Herzen der geistlos herrschgierige Zwang
des Hitlertums werden mußte, bedarf keiner besonderen
Darlegung. – Kurt Huber konnte nicht länger mitanse-
hen, wie die Jugend, für deren Ausbildung er sich ver-
antwortlich wußte, verkümmerte und zertreten wurde,
wie menschliche Freiheit und Würde verloren gingen. Er
stürzte sich mit einer aus Verzweiflung und Begeisterung hervorbrechenden Ungeduld in den aussichtslosen
Kampf. Was lag ihm am Erfolg! Ihm ging es um die Idee.
– Freilich, Ideen wie Menschenwürde und Freiheit sterben nicht: wohl aber verlassen sie das Land und das Volk,
wo niemand mehr für sie zu kämpfen und zu sterben bereit ist.

Wenn dem deutschen Volk die Schmach der völligen
Gottverlassenheit erspart blieb, so gebührt der Dank dafür den Wenigen, die wie Kurt Huber aus freier, eigen-
ster Überzeugung, ohne Rücksicht auf zeitliche Umstän-
de und Vorteile, aufstanden gegen den Zwang der Hitler-
partei. Wir ehren das Andenken dieser Tapferen in Kurt
Hubers Person, denn in ihm finden wir, wie die nachfol-
genden Blätter zeigen, Schicksal und Willen, Herz und
Geist, Forschung und Glauben so kühn wie bescheiden
miteinander verbunden.

KARL VOSSLER

CLARA HUBER

Rückblick auf vier Jahrzehnte

»Er hat bedächtig aufgebaut, zur rechten Zeit sich ein Wort getraut ...« Ich frage mich oft, wie mein Mann unsere heutige Gesellschaft mit ihren positiven, aber auch negativen Erscheinungen beurteilt hätte; Anlaß, seinen scharfen, analytischen Verstand einzusetzen und zur rechten Zeit sich ein Wort zu getrauen, gäbe es ja wohl genug. Doch genauso oft, wie ich mich dieser Frage annähere, rücke ich wieder von ihr ab. Der Grund ist, daß es mir zu hypothetisch erscheint, über die Reaktionen eines schwierigen Menschen – der er zweifellos war – auf eine ebenso schwierige Zeit nachzudenken. Und dennoch drängt sich mir diese Frage bei der Betrachtung aktueller Probleme auf: Was hätte wohl mein Mann dazu gesagt? Würde er, nach über vierzig Jahren Kenntniszuwachs und entsprechend mehr Einsichtsfähigkeit, nicht ganz anders reagieren, als wir, seine Familie und seine wenigen Freunde ihn in Erinnerung haben? Verschiedene Ausstellungen der letzten Jahre widmeten sich u. a. auch dem Leben Kurt Hubers: In zwei Ausstellungen der Münchner Staatsbibliothek, veranstaltet in den Jahren 1973 bzw. 1985, stand seine Tätigkeit als Volksmusikwissenschaftler im Mittelpunkt, während die 1976 begonnene (und als Wanderausstellung weitergeführte) Ausstellung »Widerstand und Verfolgung in Bayern 1933–1945« die politische Einstellung meines Mannes hervorhob. Gerade diese Ausstellung hat, wie man so sagt, viel Staub aufgewirbelt und zu Konfrontationen geführt, weil angeblich politisch zu einseitig, d. h. zu »links« orientiert. Ich habe mich damals vor sie gestellt, wofür ich mich nicht zu entschuldigen brauche, und was ja nicht heißen soll, daß man seine Meinung im Laufe der Jahre nicht relativieren darf. Damals wurde ich gleichermaßen unterstützt wie heftig angegriffen: »Wenn Ihr Mann das wüßte, würde er sich im Grabe umdrehen«, so lautete der Vorwurf eines Professors an mich. Jene Worte haben mich nicht nur wegen ihrer Geschmacklosigkeit getroffen, sondern auch deswegen, weil sie die »alte Frage« wieder aufgeworfen haben: Wenn er das wüßte.

Bei solchen Ausstellungseröffnungen und anderen offiziellen Anlässen werde ich, besonders von jungen Menschen, häufig darauf angesprochen, wie ich und meine Familie nach 1943 überleben konnten und welche Existenzprobleme sich mit dem Namen Kurt Huber verbanden. Die Antwort, die ich auf die Überlebensfrage geben muß, verblüfft oft. Es waren Spenden, die unter Lebensgefahr zusammengetragen und mir heimlich übergeben wurden: Spenden von Freunden, Studenten, Bekannten – und erfreulicherweise von mir gänzlich Unbekannten. Nach Kriegsende wiesen mir der damalige bayerische Kultusminister Dr. Alois Hipp und Universitätssyndikus Dr. Franz Thierfelder sogenannte Überbrückungsgelder zu, die dann mit Hilfe der amerikanischen Besatzungsmacht wenigstens soweit erhöht wurden, daß sie mir und meinen beiden Kindern ein Lebensminimum garantierten. In den 50-er Jahren erhielt ich Entschädigungsgelder, am 22. Februar 1953 schließlich wurde im Rahmen einer Feierstunde der Universität München meinem Mann der ihm von den Nationalsozialisten unter so demütigenden Umständen aberkannte Doktor- und Professorentitel posthum wieder verliehen; sein von ihm geschätzter und verehrter Kollege Professor Karl Alexander von Müller sowie der Universitätsrektor Professor Nicolo hatten sich um diese inneruniversitäre Rehabilitation besonders verdient gemacht.

Seitdem lebe ich also von den Pensionsbezügen eines Mannes, dessen Rechtsstellung – Landesverräter oder nicht – bis heute zu hitzigen öffentlichen Diskussionen Anlaß gibt, wie der Streit über den Nachspann zu Michael Verhoevens Film »Die weiße Rose« deutlich gezeigt hat. Nun ist ja wohl die Pensionsberechtigung überhaupt eine komplexe Sache. Meine persönliche Erfahrung hat mich gelehrt, daß Pensionen vergeben werden ohne Rücksicht auf Zeitumstände, auf Recht und Unrecht, ich glaube sogar, daß Pensionen die Geschichte relativieren, daß sie vielleicht das einzige wirkliche große Kontinuum sind zwischen Zeiten, die wir heute gerne verdrängen wollen, und unserem demokratischen Staat nach 1945, trotz aller Beteuerungen über die Stunde Null und den Neubeginn.

Zwei Jahre nach Kriegsende mußte ich erfahren, welche Problematik, d. h. welche Anziehungskraft einerseits und andrerseits welch ablehnende Haltung mit dem Namen Kurt Huber verbunden sind. Dr. Georgi Schischkoff, ein bulgarischer Schüler meines Mannes, heute Professor in Salzburg, regte mich dazu an, ein Buch über Kurt Huber herauszugeben und meine Erinnerungen an ihn bis zu seinem Todesjahr 1943 niederzuschreiben. Schüler, Freunde und Kollegen meines Mannes nahmen diese Anregung mit Begeisterung auf und erarbeiteten

dementsprechende Beiträge. Als das Manuskript fertig-
gestellt war, sprach ich bei mehreren Verlagen in München vor, in der Stadt, die mein Mann geliebt, an deren
Universität er gewirkt hatte und die ihm schließlich zum
Schicksalsort geworden war. Ich erhielt Absagen, die
man mir mit mangelndem Publikumsinteresse oder – den
Zeitumständen entsprechend – mit Papiermangel be-
gründete. »Hätte ihr Mann doch einen Kriminalroman
geschrieben«, an diesen Satz aus dem Munde eines
Münchner Verlegers erinnere ich mich ebenso genau wie
an denjenigen, den Dr. Mirok Li, ein koreanischer
Schüler meines Mannes, mir nach seinen Verhandlungen
mit ansässigen Verlagen hinterbrachte: »So gescheit kann
ein Mann« – gemeint war mein Mann – »allein nicht sein,
und das in so vielen Fächern.« Vielleicht war die Zeit
noch nicht reif, vielleicht war es einfach zu früh, an jene
furchtbaren Ereignisse wenige Jahre zuvor zu erinnern,
wiewohl doch in den ersten Nachkriegsjahren auch eine
Reihe sehr kritischer Rückblicke erscheinen konnte.
Über jene Vorgänge, vor allem über die München-Bezo-
genheit dieser ablehnenden Haltung bin ich mir bis heute
im Zweifel. War es ein Verdrängungsprozeß in der Stadt,
in welcher sich die Ereignisse um die »Weiße Rose« abge-
spielt haben? Im Jahr 1947 brachte das in Regensburg an-
sässige Verlagshaus Josef Habbel unser Buch unter dem
Titel »Kurt Huber zum Gedächtnis« heraus, und ich
erinnere mich in großer Dankbarkeit daran zurück.
Allerdings sollten damals einige Textpassagen der Zensur
der amerikanischen Information Control Division zum
Opfer fallen – wieder die eigenartige Doppelwirkung des
Namens Kurt Huber – und zwar Abschnitte aus den Notizen zur Verteidigungsrede, die mein Mann sich im Ge-

fängnis gemacht hatte und die ich der dokumentarischen Vollständigkeit wegen abdrucken lassen wollte. Seiner Bewunderung für die Leistungen der deutschen Wehrmacht hatte er mit ungefähr gleichlautenden Worten sowohl in dem von ihm stammenden Textentwurf für das sechste und letzte Flugblatt der »Weißen Rose« wie auch kurz nach seiner Verhaftung im Gestapo-Vernehmungsprotokoll am 1. März 1943 Ausdruck verliehen: »*Studentinnen, Studenten.*

Ihr habt Euch der deutschen Wehrmacht an der Front und in der Etappe, vor dem Feind, in der Verwundeten-Hilfe, aber auch im Laboratorium und am Arbeitstisch restlos zur Verfügung gestellt. Es kann für uns alle kein anderes Ziel geben als die Vernichtung des russischen Bolschewismus in jeder Form. Stellt Euch weiterhin geschlossen in die Reihen unserer herrlichen Wehrmacht!«

Die amerikanischen Behörden verboten den Abdruck wegen, wie es damals hieß, unzulässiger Verherrlichung der deutschen Wehrmacht. Mein Mann machte, so gut, wie er es damals wußte, einen Unterschied zwischen der Wehrmacht und der SS, welche letztere er gleichsam als Vollstreckerin nationalsozialistischen Terrors betrachtete. Die Greueltaten der SS waren auch ihm nicht unbekannt geblieben. Im ersten Vernehmungsprotokoll nach seiner Verhaftung machte er, trotz des Vernehmungsdruckes, der auf ihn ausgeübt worden sein muß, folgende Aussage: »Scholl, Eickemeier und ich vertraten auch den Standpunkt, daß die Tätigkeit der SS-Verbände im Feld das Ansehen der allgemeinen Wehrmacht beeinträchtige. Durch die uns bekannt gewordenen Erschießungen von Polen und Russen durch die SS waren wir zu dieser Ansicht gekommen.« Im selben Protokoll schildert er auch,

warum er sich schließlich dazu genötigt sah, für die
»Weiße Rose« einzutreten: »Den entscheidenden Anstoß zu einer völligen Änderung meiner Einstellung gab
die Einberufung der Studentenversammlung durch Gauleiter Giesler im Kongreßsaal des Deutschen Museums
[am 13. Januar 1943]. Ich empfand es als ein schlechthin
undiskutierbares Vorgehen gegen deutsche Frontstuden-
ten, daß ihnen zugemutet wurde, sich vor Betreten der
Versammlung abstempeln zu lassen mit der Drohung,
daß, wer nicht abgestempelt sei, im folgenden Semester
an keiner deutschen Universität inskribiert werde. Ich
sehe nach wie vor in dieser Maßnahme des Gauleiters
nicht nur eine ungeheure Verachtung des deutschen Studenten und der deutschen Bildung, sondern einen unmittelbaren Angriff auf die Deutsche Armee. Ich weiß, daß
diese Auffassung keinesfalls von mir allein ausgeht, sondern daß sie in den weitesten Kreisen der Studentenschaft
und der Professorenschaft von jedem vertreten wird, der
noch Mut zur Selbstbehauptung hat.«
Ich weiß, einige der hier zitierten Sätze passen so gar
nicht zum Bild des Widerstandskämpfers (die Passagen
über die Wehrmacht in sechsten Flugblatt der »Weißen
Rose« wurden auf Drängen von Hans Scholl und Alexander Schmorell soweit abgeändert, bis mein Mann wutent-
brannt sagte: »Dann ist es nicht mehr mein Flugblatt!«),
sie stehen eher für eine sehr widersprüchliche Persönlichkeit. Es darf auch nicht verschwiegen werden, daß mein
Mann seine schon im Elternhaus vorgeprägte betont na-
tional-liberale Einstellung bei jeder sich bietenden Gelegenheit unterstrich und daß er anfangs mit dem Nationalsozialismus sympathisierte, weil er eine zunehmende
»innere Bolschewisierung«, d. h. eine geistige Verfla-

chung und Egalisierung befürchtete. Diese Überzeugung teilte er übrigens mit vielen Intellektuellen, besonders mit vielen seiner Hochschulkollegen. Jedoch kamen ihm bald Zweifel an den Absichten der nationalsozialistischen Kulturpolitik, die er wiederum im Vernehmungsprotokoll endgültig artikulierte: »Nicht einverstanden war ich mit gewissen Punkten der nationalsozialistischen Kulturpolitik, vor allem mit der immer schärfer werdenden Stellungnahme gegen das Christentum, der Erziehungspolitik der Jugend, der Haltung gegenüber der Wissenschaft.«

Und weiter: »Die immer deutlicher heraustretende Stellung der obersten Leitung der Partei in diesen Fragen hat mich in die schwersten seelischen Konflikte verwickelt.« Den letzten Ausschlag, seine zunächst positive Einstellung gegenüber einigen Punkten des nationalsozialistischen Parteiprogramms rigoros zu ändern, gab der Rußland-Feldzug, und auch dafür fand er während der Vernehmung noch einmal, zum letzten Mal, klare Worte: »Ich hatte jegliches Verständnis für eine starke Politik im Osten, konnte mich jedoch mit den immer zahlreicher werdenden Blutopfern im Osten nicht innerlich abfinden. Ich bin der festen Überzeugung, daß eine mildere und verstehendere Politik nach dem Frankreichfeldzug einen wirklichen Aufbau Groß-Europas ohne Versklavung aller darunter fallenden Völker hätte ermöglichen müssen. Die Reden der obersten Parteistellen und die Maßnahmen des vergangenen Jahres haben mir diese letzte Hoffnung genommen.« Wenn ich mich an die letzten Gefängnisbesuche bei meinem Mann erinnere, so löst sich alle Widersprüchlichkeit auf. Hoffnungslosigkeit empfand er angesichts der damaligen politischen Situa-

tion, während er große Hoffnung in die Zukunft setzte
und bis zuletzt bestrebt war, bei mir und meinen Kindern
Zuversicht zu wecken.

Der frühe Tod meines Mannes – meine Tochter hatte die
ihm vorausgehenden tragischen Ereignisse leider schon
sehr bewußt miterleben müssen – bedeutete wenigstens
für meine Kinder in ihrer weiteren Entwicklung keine
Krise. Gewiß, seinen ungerecht erlittenen Tod haben sie
schmerzlich empfunden, aber vielleicht trug gerade er
dazu bei, das Andenken an meinen Mann hoch zu halten
und seine Ideale in ihrem späteren Lebensweg nicht zu
vergessen. Ich konnte meinem Sohn, heute Professor für
Linguistik, und meiner Tochter eine Hochschulausbil-
dung ermöglichen, trotz aller existenziellen Nöte. Schon
früh konnten sie Kontakt mit Studenten aus aller Herren
Länder aufnehmen, weil ich bald nach dem Krieg Zimmer meiner Münchner Wohnung an Studenten vermiete-
te; damals nicht nur eine Frage der Einkünfte, sondern
auch der Gewohnheit, schließlich schätzte ich Studenten
ganz allgemein und erinnerte mich besonders an jene, die
mein Mann zu seinen »Teegesprächen« in unserer Gräfelfinger Wohnung empfangen hatte. In solche Gespräche brachte er nicht nur, oft bis an den Rand der Er-
schöpfung, all seine rhetorische und argumentatorische
Kraft ein, sie bedeuteten für ihn auch eine große Beglük-
kung, von der wiederum ich mich gerne anstecken ließ.
Das ist der Grund, warum ich bis heute das Gespräch mit
jungen Menschen suche, soweit es mir möglich ist. Doch
zurück zu den ersten Nachkriegsjahren. Während ihrer
Schulzeit wurden meinen Kindern gegenüber Gott sei
Dank keine Anspielungen bezüglich des Todes ihres Vaters gemacht, bis auf eine einzige, allerdings sehr gravie-

rende Ausnahme. Gleich am zweiten Tag des ersten
Schuljahres sagte ein Mitschüler in der Gräfelfinger
Volksschule zu meinem Sohn: »Dein Vater ist doch ge-
köpft worden!« Das war damals aus diesem Grund besonders »feinfühlig«, weil ich meinen Sohn bis zu diesem
Zeitpunkt über die genauen Einzelheiten des Todes
seines Vaters noch nicht aufgeklärt hatte (als vierjähriger
Bub hätte er es wohl auch nicht verstanden). Ich machte
dem Mitschüler keine Vorwürfe, weil er das, was er da
gesagt hatte, ohne darüber nachzudenken, weiterplap-
perte. Gehört hatte er es wohl von Freunden oder sogar
in seinem Elternhaus.
Dort ist die Verantwortung für solche, Intoleranz erzeu-
gende Äußerungen ebenso zu suchen wie in der Schule.
Vor etlichen Jahren wurde mir von folgendem Vorfall,
auch er Gott sei Dank eine Ausnahme, berichtet: Am
Münchner Max-Gymnasium sollen Schüler im Ge-
schichtsunterricht ihren Professor gefragt haben, wer
Kurt Huber war. Und jener Professor soll aus seiner tiefsten Überzeugung geantwortet haben: »Ein Hoch- und
Landesverräter!«
Das eine Zerrbild also, gepflegt in Kreisen der ewig Gestrigen, gegen das ich mich im Namen meines Mannes
wehren muß, ist eben das des »Hoch- und Landesverrä-
ters«. Ich persönlich jedenfalls sehe diese Diskriminie-
rung als nachträgliche Schmach für meinen Mann; denn
gerade ihm, der seine nationale Gesinnung hoch hielt –
noch höher als die ihn sein Leben lang auszeichnende und
in vielen Auslandsreisen bewiesene Weltoffenheit – kann
man guten Gewissens diesen Vorwurf nicht machen. Im
übrigen hatten nicht er und ein Kreis vorausblickender
Menschen die Nation verraten, sondern die nationalso-

zialistischen Machthaber und ihre Helfershelfer. Er
wußte um diesen Verrat und verstand es, sich als Geistes-
wissenschaftler und als Lehrer der Philosophie gegen jeglichen totalitären Machtanspruch zu wappnen, und zwar
mit logischen Argumenten. Wie aber sollte ich mich gegenüber den ewig Gestrigen verteidigen? Ein anderes
Zerrbild, das ich aus rein subjektiver Anschauung wider-
legen muß, wiewohl es vom Ansatz her gut gemeint ist,
ist das des Märtyrers. Mein Mann war kein Märtyrer im
biblischen Sinne, und so sollte dieses Wort ja wohl ange-
wendet werden. Er war Professor, sorgte sich um seine
Familie und mußte in dieser Sorge einige Zugeständnisse
an den nationalsozialistisch kontrollierten Universitäts-
betrieb machen; Zugeständnisse aber nur so weit, als sie
nicht seine eigene Weltanschauung völlig konterkarier-
ten. Er gehörte nicht zu denjenigen Hochschulprofesso-
ren, die ihre Kollegen um der Karriere willen denunzier-
ten, im Gegenteil, man behinderte ihn an seiner Karriere,
zum einen wegen seiner körperlichen Behinderung, zum
anderen deshalb, weil einigen seiner Kollegen sein uni-
versales Wissen – das einen Bogen spannte von den Gei-
steswissenschaften zu den Naturwissenschaften – zu
breit, gefährlich breit für die eigene Laufbahn angelegt
schien. Als er von den Vorgängen im Lichthof der Universität hörte, waren seine ersten, menschlich verständlichen Reaktionen: Mißbilligung des, wie er meinte,
leichtsinnigen, ja sogar unverantwortlichen Verhaltens
der Geschwister Scholl, tiefste Bestürzung und eine
dunkle Vorahnung dessen, was auf ihn, seine Familie und
seine Freunde zukommen würde. Dennoch sagte er nach
seiner Verhaftung zu den ihn verhörenden Gestapo-Be-
amten, daß er sich seiner »Schuld« bewußt sei und dafür

die volle Verantwortung übernehme. Nach über vierzig
Jahren fällt es mir heute besonders schwer, diese Proto-
kolle, Dokumente menschlicher Unzulänglichkeit,
durchzulesen. Und dennoch bestechen mich die klaren
und ehrlichen, keineswegs larmoyanten Aussagen meines Mannes, zeigen sich seine Aufrichtigkeit und seine
Zuversicht, mit denen er auch seiner Familie über jene
schweren Tage hinweghelfen wollte. Letztendlich war es
wohl jene Standfestigkeit, die meinem Mann einen Platz
in der Geschichte des Widerstandes gegen den Nationalsozialismus zugewiesen hat.

Das Gedenken an die »Weiße Rose« ist, wie mir scheint,
oft recht problematisch. Ich kann mich des Eindrucks
nicht erwehren, daß nur wenige der vielen Tausend Studenten der heutigen Ludwig-Maximilians-Universität in
München über den Widerstand allgemein und im besonderen über den des Jahres 1943 aufgeklärt sind. Viele
schlendern belanglos am Denkmal der »Weißen Rose«
im Lichthof vorbei. Andererseits ist das Wort vom Widerstand schnell in den Mund genommen und es eignet
sich vorzüglich zum Mißbrauch, wie mir Anfragen politischer Gruppierungen, die anläßlich der jeweiligen Jah-
restage bei mir eingehen, deutlich beweisen. Dabei können doch wohl politische Vereinigungen, denen die Freiheit des Einzelnen nichts oder nur sehr wenig bedeutet,
nicht von einem verantwortungsvollen Widerstand sprechen. Genau aber die Freiheit des Einzelnen ist es doch,
die die Angehörigen des damaligen Widerstandes in Ehren halten und deren Ideal sie weitergeben sollten. Offi-
zielle Gedenktage heiße ich für gut, denn sie bringen die
Fähigkeit und den Willen unseres demokratischen Staates (auch wenn er manchmal zur Kritik Anlaß gibt) zum

Ausdruck, sich an die damaligen Vorgänge zu erinnern
und eine Wiederholung dessen zu vermeiden. Vorträge
und vor allem Gespräche mit jungen Menschen machen
das Geschehene, natürlich aus subjektiver Sicht heraus,
anschaulich und dienen der Aufklärung. Im übrigen bin
ich sehr dankbar für solche Gespräche, weil sie mir bei
der Orientierung in unserer heutigen, zugegebenerma-
ßen nicht immer leichten Zeit helfen. Dennoch glaube ich
nicht, daß, um junge Menschen auf den Widerstand hin
ansprechen zu können, beispielsweise grelle Popart-Bil-
der der Mitglieder der »Weißen Rose« (wie sie vor einiger
Zeit angefertigt wurden) vonnöten sind. Derartige Auf-
klärungshilfen erinnern mich eher an eine oberflächlich
anmutende »Vermarktung« des Widerstandsgedankens,
und damit ist uns allen ebensowenig geholfen, wie etwa
mit dem Totschweigen der diesbezüglichen Geschehnis-
se. Natürlich ist das nun wiederum meine rein subjektive
Anschauung, von der ich nur zur Diskussion stellen
kann, daß sie durch mehr als vierzig Jahre Erfahrung ge-
prägt worden ist.
Wenn ich mir, wie ich eingangs sagte, darüber im Zweifel
bin, wie mein Mann auf das Hier und Heute reagiert hätte, so bin ich mir über eines im klaren: Er hat jegliche Intoleranz und jeglichen Radikalismus abgelehnt und
diese, für den demokratischen Staat manchmal auch
schwierige Gratwanderung selbst unternommen; eben
dafür hat er sein Leben gelassen. In der heutigen »Mas-
senuniversität«, oftmals Wartesaal oder bloße Durch-
gangsstation, hätte er sich sicherlich nicht wohl gefühlt.
Denn Universität bedeutete für ihn Dialog, Förderung
der wirklich Begabten (womit nicht einer sogenannten,
womöglich ausschließlich technisch orientierten »neuen

Elite« das Wort geredet werden sollte!), Schulung der Logik und Argumentationsfähigkeit und vor allem Charakter- und Herzensbildung. An der deutschen Universität scheint mir persönlich das alles in den letzten Jahren etwas zu kurz gekommen zu sein, vielleicht können neuerliche Reformen, die ich wahrscheinlich nicht mehr erleben werde, zur Wiederbelebung dieses Universitätsideals beitragen.

Im Jahr 1984 habe ich den Nachlaß meines Mannes an das Münchner Stadtarchiv gegeben, weil ich mir nichts so sehr wünsche wie die meiner Ansicht nach notwendige Korrektur des bislang eher etwas einseitigen Bildes von Kurt Huber; keine Verherrlichung soll es sein, aber auch keine Abwertung, vielmehr eine Versachlichung. In Darstellungen über die »Weiße Rose« wird der Name meines Mannes häufig nur »unter anderem« erwähnt, während bei der Beschreibung seiner wissenschaftlichen Arbeit oft nur der Volkskundler und vor allem der Sammler bayerischer Volksmusik im Gedächtnis bleibt. Mir scheint das, angesichts seiner universalen wissenschaftlichen Ausbildung und Betätigung zu wenig. Umso dankbarer war ich, als der Münchner Oldenbourg-Verlag 1951 die unvollendete Leibniz-Biographie meines Mannes veröffentlichte und der Buch-Kunstverlag Ettal in den Jahren 1954 bis 1956 dies zur Anregung nahm, weitere Werke meines Mannes, »Ästhetik«, »Musik-Ästhetik«, »Grundbegriffe der Seelenkunde« sowie »Aufsätze zur Volksliederkunde« wieder zu veröffentlichen. Allein die hier genannten Titel zeugen von der Breite seiner wissenschaftlichen Betätigung. Im »Leibniz-Jahr« 1966 schließlich erinnerte Georgi Schischkoff an Kurt Huber als »Münchner Philosophen und Tonpsychologen« und an

dessen im Jahr 1942 an der Münchner Universität gehaltenen Vortrag, »Leibniz, der Deutsche und Europäer«,
mit folgenden Worten: »Es ist auffallend, wie unabhän-
gig vom damaligen ›Zeitgeist‹, wie unverändert gültig seine Auffassungen von Leibniz als politischem Denker
während der verschiedenen Phasen von dessen Leben
und Wirken auch heute noch sind, so daß man sich ganz
lebendig vorstellen könnte, Huber würde diesen Vortrag
wohl auch heute, im Leibniz-Jahr 1966, unverändert
wieder halten.« Was uns heute als Widerspruch erscheinen mag, ist oftmals berechtigter und begründeter Wan-
del: Im Ersten Weltkrieg entwickelte mein Mann im damals weit verbreiteten nationalen Überschwang ein aner-
kannt geistreiches wie schwieriges Kriegsspiel, »Pandux.
General Jedermann«. In seinem Universitätsvortrag und
seiner wissenschaftlichen Biographie stellte er, in Anleh-
nung an die Gedankenwelt Leibniz', den Wunsch nach
einem freien Europa heraus, so wie er bis heute Gültig-
keit hat. Es war dies gleichsam sein politisches »Testa-
ment«: »Widersprüche gibt es in jeder lebendigen Politik. Doch das Maß der Widersprüche hat irgendwo seine
Grenze. Das Verhalten des späten Leibniz bleibt als Ganzes dunkel und widerspruchsvoll. … In dieser tragischen
Lage strebt sein Geist in unwirkliche Fernen. Er hält die
Zeit für ein gewaltig erweitertes Kulturgebilde ›Europa‹,
für einen übereuropäischen Kulturraum für gekommen,
den es zu gestalten gilt … Der deutsche Träumer! Er
träumt ein Vorspiel ganz andersgearteter Machtkonstellationen, die heute Europa und den Fernen Osten zur
Auseinandersetzung zwingen. Doch er weist den Weg zu
einer kommenden, tieferen Auseinandersetzung im Zeichen von Vernunft und Liebe.«

CLARA HUBER

Kurt Hubers Schicksalsweg

Wenn ich mich frag: Was hab ich hinterlassen?
Konzepte, Skizzen nur – papierne Massen,
Kaum eine Reinschrift. Reinschrift meines Lebens
Ist nur der Tod – und der war nicht vergebens.

Schon am frühen Morgen, kaum erwacht, fing er an, sich für die Vorlesung vorzubereiten. So wünschte er, alle einschlägigen Bücher und Nachschlagewerke, Leibniz, Hegel, Windelband oder was es jeweils war, das ganze Semester lang immer in unmittelbarer Nähe zur Hand zu haben. Er las seit Jahren neun bis zehn Stunden in der Woche, Vorlesungen und Übungen, über alle großen Gebiete der Philosophie, dazu Psychologie, Musikpsychologie und Volkslied. Er pflegte immer frei oder nach ganz kurzen Notizen zu sprechen und ruhte nicht, bis er alle Gegenstände seines Vortrags geistig völlig bewältigt hatte. Mittags pflegte er, seit die Verbindungen zu unserer kleinen Vorortwohnung im Krieg mühsam geworden waren, in der Stadt zu bleiben. Er aß bescheiden in irgendeinem Café und traf sich dort meist wieder zu einer Besprechung mit einem Freund oder Schüler. Abends, wenn er heimgekehrt war, setzte er sich nach kurzer Ruhe wieder an den Arbeitstisch und arbeitete rastlos bis in die tiefe Nacht – ich glaube fast, sogar noch während des Schlafes. Er schlief oft unruhig und sprach manchmal lange zusammenhängende Sätze in deutscher und französischer Sprache.

Viele Stunden, außerhalb des eigentlichen Unterrichtes, widmete er seinen Schülern, die mit Begeisterung an ihm hingen. Oft und oft kamen sie auch zu uns ins Haus, ihn zu besuchen und sich Rat zu holen. Es waren nicht nur die jeweiligen Hörer seiner Vorlesungen, die in den Hauptkollegien bis zu 250 anstiegen, sondern auch seine ehemaligen Schüler, die alle, Deutsche oder Ausländer, gern mit ihm in Verbindung blieben. Wissenschaftliche Besprechungen oder auch freie Unterhaltungen regten ihn sehr an, sodaß er die Gäste ungern fortgehen ließ. Nicht selten kam es vor, daß wir sie in der zweiten oder dritten Morgenstunde aus dem Hause begleiteten. Er rechnete ungern mit Stunden und litt immer darunter, an bestimmte Fristen gebunden zu sein. Seine Haupterholung im Tag war, wenn er nach der Heimkehr aus der Stadt mit uns plauderte oder am Klavier spielte, Bach, Beethoven, Mozart, Schubert, Schumann, Chopin; er bedurfte keiner Noten, er spielte alle die Werke auswendig. Aber auch eines seiner geliebten Volkslieder oder ein »Zwiefacher« ließen ihn rasch alle Müdigkeit vergessen. In einem sorgenlosen, kunstliebenden Elternhaus aufgewachsen, war er in seiner Jugend nicht gewohnt gewesen, an die materielle Seite des Lebens zu denken. Nur eine frühe Erkrankung, die wie eine leichte Lähmung wirkte, legte schon damals einen Schatten auf sein Leben, der es nie mehr verließ. Sonst hatte er eine sonnige Jugend. Er war am 24. Oktober 1893 in Chur in Graubünden von deutschen Eltern geboren. Die Schweizer Berge und der altehrwürdige Churer Dom grüßten zu den Fenstern seiner Kindheit herein. In seinem vierten Lebensjahr übersiedelte die Familie nach Stuttgart; das »Herdweghaus« auf dem Hügel wurde die eigentliche Heimat seiner

Schul- und Jugendjahre. Beide Eltern waren geborene Erzieherpersönlichkeiten aus namhaften Pädagogenfamilien, die vom Geiste Pestalozzis berührt waren.

Sein Vater, eine imponierende Gestalt von lauterem und strengem Charakter, wurde ein Bahnbrecher im württembergischen Handelsschulwesen, seine zierliche, tatkräftige Mutter hatte eine ausgesprochen literarische Begabung; so erhielten seine vielseitigen Anlagen in der häuslichen Umgebung von Kindheit auf feinsinnige, verständnisvolle Pflege. Beide Eltern waren hochmusikalisch; die Mutter unterrichtete ihn selbst am Klavier, der Vater später in Harmonielehre und Kontrapunkt. Ihr Haus stand allem Künstlerischen und Geistigen offen. Zu geradezu künstlerischer Vollendung entwickelte sich das Zusammenspiel der beiden Brüder, wenn Flügel und Geige unter ihren Händen erklangen.

Kurt, das zweitjüngste von vier Geschwistern, war ein zartes, selten begabtes, originelles Kind, früh in Büchern vergraben, früh klavierspielend und komponierend, aber zugleich ein eifriger Bastler – wie er ja zeitlebens eine große technische Neigung und Geschicklichkeit beibehielt. Er hat nicht nur gern Haustelephone eingerichtet und originelle Gesellschaftsspiele für Kinder ausgedacht und selbst angefertigt. Er hat ein neues Verfahren zum Stimmen von Orgeln entwickelt, er schnitt selbst auch die Schallplatten für seine wissenschaftlichen Volksliederaufnahmen. Und lange Jahre seines Lebens begleiteten ihn die Pläne, die Entwürfe, die Verbesserungen, die Patentverhandlungen für einen großen »Universal-Analysator«, einen ebenso sinnreich erdachten wie einfachen Apparat zur optischen Darstellung, Analyse und Messung von Schwingungen aller Art, die in Lichtkurven sichtbar gemacht und gleichzeitig beobachtet, gefilmt und projiziert werden können. Als sein praktisches Anwendungsgebiet war zunächst die Akustik gedacht (Reinheitsmessungen, akustische Eichungen, Schallraum-, Schallentfernungs- und Richtungsmessungen), es ist dann aber auch auf Elektrizität (z. B. Analyse und Frequenzbestimmung von Wechselströmen), Mechanik (Analyse und Frequenzbestimmung mechanischer Schwingungen bei Bauwerken, Fahrzeugen, Maschinen, Spannungsmessungen an Schiffen, Flugzeugen usw. – Messung von Druckschwankungen) sowie auf Physiologie und Biologie (Vibrationsmessungen an lebenden Organismen, z. B. Herztöne) ausgedehnt worden. Aber dies gehört natürlich alles in die zweite Hälfte seines Lebens.

Sein erstes öffentliches Auftreten dagegen fällt schon in sein zwölftes Jahr. Da hatte seine Mutter für einen öffentlichen Wohltätigkeitsabend nach dem bekannten deutschen Märchen ein »Spiel vom Rotkäppchen« geschrieben und inszeniert, und der kleine, lebhafte, schwarzhaarige Knabe hatte die Lieder, Chöre und die Streichmusikbegleitung dazu komponiert und spielte die Rolle des Wolfes. Wer hätte damals gedacht, welches Schicksal dem gefeierten kleinen Künstler bevorstand! Seine frühesten Lieblingsbücher waren wohl Roseggers »Waldbauernbub« und Kiplings »Mowgli«; Bodenständig-Volkstümliches und Fremdartig-Geheimnisvolles unmittelbar nebeneinander – wie in seinem ganzen Leben. Ebenso zeigte sich im alten humanistischen Eberhard-Ludwigs-Gymnasium, das er seit 1903 besuchte, schon die für ihn so charakteristisch gleichmäßige Begabung für Sprachen, Mathematik und Geschichte. Auch

Karl Huber im Alter von zehn Jahren

*Kurt Huber als junger Dr. phil.
vor der Münchner Universität 1917*

im Elternhause wurde auf die Pflege fremder Sprachen großer Wert gelegt. Unter den deutschen Dichtern gehörten früh Conrad Ferdinand Meyer und Friedrich Rückert, dessen Kinderlieder er auch vertonte, unter den ausländischen Dostojewski zu seinen bevorzugten Lieblingen.

In der Geschichte galt seine Sympathie vor allem den unterdrückten Völkern. Man möchte heute eine tiefe Bedeutung darin sehen, daß tragische Freiheitshelden, Tell, Jürg Jenatsch, Andreas Hofer, ihn von je besonders anzogen. Er verkehrte damals viel in den Häusern des berühmten Architekten Theodor Fischer und der Familie von Linden-Stauffenberg, mit deren Söhnen er eng befreundet war. Noch tiefer war die Wirkung des Umgangs mit der Witwe des großen Kunsthistorikers Wilhelm Heinrich von Riehl. Mit ihr verband den Heranreifenden eine jahrelange einzigartige Freundschaft. Die weißhaarige, fast siebzigjährige Frau, ewig jung im Herzen und lebendigen Geistes, ließ sich von dem jungen Gymnasiasten begeistert noch in der Harmonielehre unterrichten – das Riehlsche Harmonium, an dem dies geschah, steht noch heute als liebe Erinnerung in unserm Heim. Regelmäßige Ferienreisen führten ihn in der Jugend schon in die bayerischen und schwäbischen Berge, in den Bregenzer Wald, nach Tirol und in die Schweiz. Er war lebenslang ebenso empfänglich und begeisterungsfähig für Natur wie für Kunst und Wissenschaft. Einsame ausgedehnte Wanderungen im Gebirge gehörten bis zuletzt zu seinen größten Freuden.

Diese erste Jugendepoche fand 1911 durch den frühen Tod des Vaters ein jähes, schmerzliches Ende. Schon im folgenden Jahr übersiedelte die Mutter, um des Studiums der beiden Söhne willen, mit allen Kindern nach München. Auch hier umgab die Familie alsbald wieder ein geistig und künstlerisch belebter Verkehr. Mein Mann war bei aller unermüdlichen strengen geistigen Arbeit eigentlich immer eine gesellige Natur, durch seine musikalischen Talente, seinen Geist und Witz rasch beliebt, wohin er kam. Oft und begeistert ist mir noch von der privaten Aufführung des indischen Schauspiels »Urvasi« von Kalidasa erzählt worden, zu dem er damals die Musik schrieb. Er hatte immer eine seltene Fähigkeit, sich an kleinen wie an großen Dingen mit aufgeschlossenen Sinnen und aus tiefster Seele zu freuen und besaß eine ganz einzigartige Gabe, feinsinnig zu danken und zu schenken. Er fühlte sich rasch heimisch in der künstlerischen und kulturellen Luft Münchens, liebte die Nähe der Berge und die altbayerische Stammesart, mit der er später in seinen Studien so tief verwachsen sollte. Auch diese selbst fanden nun bald ihre bleibende Richtung.

Sein eigentliches Ziel war von früh auf ein gelehrter Beruf gewesen. In seinen Universitätsstudien trat von Anfang an das Interesse für Musikwissenschaft, Philosophie und Psychologie in den Vordergrund. Kroyer und zum Teil Sandberger hier, Külpe und Becher dort, später noch Stumpf in Berlin, wurden entscheidend für die Entwicklung seines Studienganges. Auch Bäumker, Wölfflin und Röntgen hat er oft mit Dank genannt; der letztere, dessen Übungen er besuchte, forderte ihn mehrmals auf, die Physik als Hauptfach zu wählen, er glaubte, ihm bei seiner außergewöhnlichen Begabung eine glänzende Zukunft in Aussicht stellen zu können. Jedoch alle äußeren Gesichtspunkte solcher Art hatten nie einen Einfluß auf ihn. Persönlich wie wissenschaftlich am nächsten stan-

In den 30er Jahren

In den dreißiger Jahren

den ihm wohl Kroyer, bei dem er 1917 summa cum laude den Doktortitel erwarb, und Erich Becher, unter dem er dann ins Psychologische Seminar eintrat und sich 1920, gleichfalls an der Münchner Universität, habilitierte. Aber von all dem wie von seiner eigenen Forscher- und Lehrtätigkeit berichten im folgenden seine Freunde und Schüler.

Ich darf mich in diesen Zeilen auf das Persönliche und Menschliche beschränken.

Die Inflation raubte seiner wie so vielen andern deutschen Familien den ererbten, sichernden Wohlstand. Von da ab sind wirtschaftliche Unsicherheit und Geldsorgen nie mehr aus seinem Leben verschwunden. Er hatte von Jugend auf ein tiefes soziales Empfinden für alle Notleidenden und Benachteiligten des Lebens gehabt, nun blieben auch ihm in seinem persönlichen Leben materielle Sorgen und aller Druck, der mit ihnen zusammenhängt, nicht erspart. Aber er hat ihn nie gebeugt.

1929 heirateten wir. Ich glaube, wenige Außenstehende machen sich einen richtigen Begriff davon, wie einfach und oft sorgenreich das äußere Leben vieler junger deutscher Gelehrter ist, nur dem ertragbar, den ein schrankenloser Idealismus erfüllt. Unermüdliche Arbeit, unberechenbarer Aufstieg, oft jahrzehntelang durch Mißverständnis oder unglückliche Zufälle ohne sichtbaren Erfolg, kärgliche Besoldung, die nur durch immer neue, anstrengende Nebenarbeiten auf ein lebensmögliches Maß gehoben werden kann. Vor 1939 hatte ein deutscher Dozent als solcher überhaupt keine dienstliche Einnahme und nachher war sie oft von politischer Willkür abhängig.

Seit 1926 hatte er den Titel eines außerordentlichen Pro-

fessors, aber ohne Gehalt, und einen mager besoldeten
vierstündigen Lehrauftrag für experimentelle und ange-
wandte Psychologie, der später auch noch Ton- und Musikpsychologie und psychologische Volksliedkunde ein-
schloß. 1929–32 kam dazu die Vertretung bei den Lehr-
amtsprüfungen in Philosophie und Psychologie, 1933 ein
zweistündiger Lehrauftrag für Methodenlehre. Schon
1925 hatte er neben all dem im Auftrag der Deutschen
Akademie angefangen, die Volkslieder in Altbayern aufzunehmen. Seit 1929 begann er ihre wissenschaftliche
Sammlung, leitete später die akustisch-psychologische
Abteilung der Zentralstelle für Stimm- und Sprachpflege,
reiste zu Volksliedforschungen auf den Balkan, nach
Südfrankreich und Spanien, gab sehr geschätzte Auslän-
derkurse über Pädagogik – lebte mit allen großen Gedanken in der Geschichte und mit der Musik aller Völker. Er
galt schließlich im Ausland als der beste Kenner des europäischen Volksliedes und viele Hunderte von Schülern
weit über Deutschland hinaus verehrten in ihm einen
philosophischen Führer. Aber unser Leben mit unseren
zwei heranwachsenden Kindern war in all diesen Jahren
außerordentlich eingeschränkt, ja zeitweise dürftig und
immer wieder von Geldsorgen geplagt, besonders seit die
Nationalsozialistische Partei, zuerst seiner körperlichen
Behinderung wegen – »wir können nur Professoren
brauchen, die auch Offiziere sein können«, sagte ihm ge-
schmackvoll ein Hochschulreferent –, dann bald auch
seiner Gesinnung wegen seiner Berufung auf einen or-
dentlichen Lehrstuhl entgegenstand und 1938 durch
schnöde Intrigen sogar die Tätigkeit zerstört hatte, die
ihm durch die Leitung des neugeschaffenen Volksliedar-
chivs in Berlin eröffnet worden war. Als wir von dort,

Als Universitätsprofessor

nach Zerschlagung aller Hoffnungen und mit der Schuldenlast für zwei große Umzüge, die entgegen der Zusicherung nicht ersetzt wurden, wieder nach München zurückkehrten, mußten wir froh sein, daß er dank der Bemühungen treuer Freunde in seine alte, für seine Begabung und Leistung allzu untergeordnete Stellung zurückkehren konnte.

Mein Mann ertrug diesen äußeren Druck in bewundernswerter Weise. Es betrübte ihn wohl oft, daß das geringe Einkommen, besonders seit 1933, unserem Haushalt so starke Einschränkungen auferlegte. Er ließ sich aber dadurch nicht lähmen. Immer wieder brach sein von Natur fröhliches Temperament und sein geistreicher Humor durch. Mit heiterer Überlegenheit ertrug er unser dürftiges Leben, die engen Räume, die frugale Kost, die schlichte Kleidung, die mangelhafte Beheizung. Denn er mußte schon in der Friedenszeit in den kalten Tagen oft in einem ungeheizten Raum arbeiten. Um so mehr freute er sich über jede Kleinigkeit, die trotz alledem zur Verschönerung des Lebens beitrug, so über einen schönen Feldstrauß in einer passenden Vase oder einen hübsch hergerichteten Teetisch zur Nachmittagsstunde. Wenn er seine Schüler oder Freunde zu einem gastlich gedeckten Tisch führen konnte, was für mich allerdings viele Sorgfalt und oft sehr langes Kopfzerbrechen bedeutete, strahlte er wie ein reichbeschenktes Kind.

Dennoch hätten wir trotz mancher Entbehrungen und anstrengender Arbeit weiterhin in unserem Familienkreis friedevoll, wenn auch äußerlich unruhig und unsicher leben können, sogar die immer neuen Zurücksetzungen und Behinderungen durch die Partei hätten wir gleich so vielen anderen überstehen können, so schwer sie meinen Mann je länger je mehr bedrückten. Aber das Entscheidende war für ihn der immer schmählichere Zwang, der sich auf das ganze geistige Leben Deutschlands legte, die Verlogenheit und Schamlosigkeit, mit der jede Ehrfurcht vor der wahren deutschen Kultur systematisch unterwühlt wurde, die Zerstörung jedes Rechtslebens, jeder Freiheit als Forscher, Lehrer und Mensch. Er kam sehr oft blaß, mit vergrämtem oder ergrimmtem Ausdruck nach Hause und erzählte in ausbrechender Wut von neuen Niedrigkeiten und Schandtaten. Als dann der Krieg begann und vor allem seit 1942 langsam, bruchstückweise die Nachrichten über unmenschliche Greueltaten in den besetzten Ländern auch in der Heimat eindrangen, stieg seine Erbitterung auf ein kaum erträgliches Maß. Immer öfter sprach er davon, daß etwas geschehen müsse, ob es denn gar keine Männer mehr in Deutschland gebe, daß er es nicht länger verantworten könne, als Lehrer vor seine Schüler zu treten, ohne ein Zeugnis der Verantwortung und der Mannhaftigkeit abzulegen. Aber er wußte nur zu gut, daß es unter dem System der Gestapo und der ständigen Überwachung jedes Einzelnen keine Möglichkeit der Auflehnung gegen das herrschende Regime gab als auf die Gefahr hin, sich freiwillig, vielleicht völlig ohne Wirkung nach außen, dem Tode zu stellen. Schon ein einziges offenes Wort genügte ja zum Verderben, wenn es vor die Ohren eines Denunzianten oder Fanatikers kam.

In diesen Monaten, im Sommer 1942, kam er auf einem privaten Diskussionsabend bei Frau Dr. Mertens zum ersten Mal mit den Geschwistern Scholl und ihren Freunden zusammen. Politische Besprechungen im Hause des Studenten Schmorell in Harlaching und vor allem kurze

Erörterungen nach seinen Vorlesungen, welche die meisten Studenten und Studentinnen dieses Kreises besuchten, schlossen sich an. Der erste Hauptgegenstand der Aussprachen war die leidenschaftliche Kritik der leeren Phrasen und der Zwangspropaganda, mit der Partei und Studentenführung die Universität knebelten, die sittliche Empörung und der Abscheu vor dem Vorgehen der SS in den besetzten Gebieten, den Rechtsverletzungen, Massenmorden, den Schiebungen in der Etappe, der allgemeinen Beschneidung aller geistigen und vor allem auch religiösen Freiheit, der ideelle Kampf um eine innere Erneuerung und bewußte Selbsterziehung. Auf einem Semester-Abschiedsabend im Atelier des Architekten Eikkemeyer wurde zum ersten Mal die Frage aufgeworfen, wie ein praktischer Widerstand dagegen in dem waffenlosen Deutschland möglich sei. Daß die Geschwister Scholl und Schmorell die Verfasser der ersten Flugblätter der »Weißen Rose« waren, deren Versendung und Wirkung sich inzwischen über Karlsruhe, Stuttgart, Berlin, Ulm, Augsburg, Regensburg, Salzburg, Innsbruck und Wien ausgedehnt hatte, wußte er zu jener Zeit noch nicht.

Dies erfuhr er erst im November-Dezember, als Scholl von seiner sogenannten Frontbewährung als Mediziner in Rußland zurückgekommen war. Der deutsche Angriff auf Stalingrad war damals trotz aller prahlerischen Siegesfanfaren von Hitler bereits festgefahren und die deutsche Belagerungsarmee ihrerseits in Gefahr, von den Russen eingeschlossen zu werden. Gleichzeitig war Amerikanern und Engländern die Landung in Nordafrika gelungen. Zum ersten Mal drohten schwere Niederlagen, die keine Propaganda und kein Druck der Gestapo

mehr vertuschen konnten. Auch diejenigen Kreise des
deutschen Volkes, die sich bisher von der Propaganda
hatten belügen lassen, schienen zum ersten Mal zu erwachen. Mein Mann fieberte in diesen Wochen vor Erregung. Es *mußte* möglich sein, dem sinnlosen Hinschlachten immer neuer Hekatomben blühender deutscher Jugend ein Ende zu machen. Er war viel zu klar, um
zu glauben, daß man mit einigen unbewaffneten Studenten dem ungeheueren Machtapparat des Nationalsozialismus entgegentreten könnte. Aber es mußte möglich
sein, noch in letzter Stunde, bevor es zu spät wäre, das
deutsche Volk und das deutsche Volksheer zu einer Befreiungstat aufzureißen. Die Münchner Studentenschaft
befand sich im Januar 1943 in wachsender Gärung. Studentinnen hatten in einer großen Versammlung des Gauleiters Gießler, der in unerhörter Weise ihre weibliche
Ehre angriff, offen protestiert. Beurlaubte und verwundete Frontsoldaten waren für sie eingetreten. Verhaftungen und Gestapountersuchungen waren gefolgt. An der
Universität und anderen öffentlichen Gebäuden erschienen über Nacht in großen Buchstaben die Worte: »Nieder mit Hitler!« (von Scholl, Schmorell und Graf). Zum
ersten Mal schien der Boden unter den Füßen der Partei
zu wanken. Aber keiner der Hochschulrektoren oder
Professoren wagte, sich mutig und eindeutig auf die Seite
der Studenten zu stellen. Ende Januar fiel Stalingrad,
300 000 deutsche Soldaten waren sinnlos dem Tod oder
der Gefangenschaft geopfert worden.
Mein Mann, durch die Vorgänge an der Universität tief
aufgewühlt, wurde durch diese Katastrophe völlig niedergeschmettert wie von einem furchtbaren persönlichen
Unglück, durch die unsittliche Ausschlachtung dieses

Heldentums in der Propaganda der Partei bis zur Glut-
hitze ergrimmt. Wenn irgend etwas, glaubte er, mußte
dieser Schlag Deutschland aufwecken. Er hielt es für seine Pflicht, jetzt der Jugend, die ihm vertraute, ein Beispiel zu geben. Er beteiligte sich an der Abfassung von
zwei weiteren Flugblättern. Am 8./9. Februar verfaßte er
selbst ein neues, das sich mit flammenden Worten unmittelbar an die studierende Jugend wandte.

Wortlaut des Flugblattes:

Kommilitonen! Kommilitoninnen!

*Erschüttert steht unser Volk vor dem Untergang der
Männer von Stalingrad. 330 000 deutsche Männer hat die
geniale Strategie des Weltkriegsgefreiten sinn- und ver-
antwortungslos in Tod und Verderben gehetzt! Führer
wir danken dir!*
*Es gärt im deutschen Volk. Wollen wir weiter einem Di-
lettanten das Schicksal unserer Armeen anvertrauen?
Wollen wir den niedrigen Machtinstinkten einer Partei-
clique den Rest der deutschen Jugend opfern? Nimmer-
mehr! Der Tag der Abrechnung ist gekommen. Der Abrechnung der deutschen Jugend mit der verabscheuungs-
würdigen Tyrannei, die unser Volk jemals erduldet hat.
Im Namen der deutschen Jugend fordern wir von Adolf
Hitler die persönliche Freiheit, das kostbarste Gut der
Deutschen zurück, um das er uns in allererbärmlichster
Form betrogen hat. In einem Staat rücksichtsloser Knebe-
lung freier Meinungsäußerung sind wir aufgewachsen.
HJ, SS und SA haben uns in den fruchtbarsten Bildungs-
jahren unseres Lebens zu uniformieren, zu revolutionie-
ren, zu narkotisieren versucht. »Weltanschauliche Schu-*

lung« hieß die verächtliche Methode, das aufkeimende
Selbstdenken und Selbstwerten in einem Nebel leerer
Phrasen zu ersticken. Eine Führerauslese, wie sie teufli-
scher und bornierter zugleich nicht gedacht werden kann,
zieht ihre zukünftigen Parteibonzen auf Ordensburgen
zu gottlosen, schamlosen und gewissenlosen Ausbeutern
und Mordbuben heran, heran zur blinden stupiden Füh-
rergefolgschaft. Wir Arbeiter des Geistes wären gerade
recht, dieser neuen »Herrenschicht« den Knüppel zu machen. Frontkämpfer werden von Studentenführern und
Gauleiteraspiranten wie Schuljungen gemaßregelt. Gauleiter greifen mit geilen Späßen den Studentinnen an die
Ehre. Deutsche Studentinnen haben an der Münchener
Hochschule auf die Besudelung ihrer Ehre eine würdige
Antwort gegeben. Deutsche Studenten haben sich für die
Kameradinnen eingesetzt und Stand gehalten. Das ist ein
Anfang zur Erkämpfung unserer freien Selbstbestimmung, ohne die geistige Werte nicht geschaffen werden
können.
Unser Dank gilt den tapferen Kameraden und Kamera-
dinnen, die mit leuchtendem Beispiel vorangegangen
sind.
Es gibt für uns nur eine Parole: Kampf gegen die Partei!
Heraus aus den Parteigliederungen, in denen man uns politisch weiter mundtot halten will! Heraus aus den Hörsä-
len der SS-Unter- oder Oberführer und Parteikriecher.
Es geht uns um wahre Wissenschaft und echte Geistesfreiheit. Kein Drohmittel kann uns erschrecken, auch nicht
die Schließung unserer Hochschulen.
Es gilt den Kampf jedes Einzelnen um unsere Zukunft,
unsere Freiheit und Ehre in einem seiner sittlichen Einheit
bewußten Staatswesen. Freiheit und Ehre! Zehn Jahre

haben Hitler und seine Genossen diese beiden schönen Worte bis zum Ekel ausgequetscht, ausgedroschen, verdreht, wie es nur Dilettanten vermögen, die die höchsten Werte einer Nation vor die Säue werfen. Was ihnen Freiheit und Ehre gilt, haben sie in zehn Jahren der Zerstörung aller materiellen und geistigen Freiheit, aller sittlichen Substanz genugsam gezeigt. Auch dem dümmsten Deutschen hat das furchtbare Blutbad die Augen geöffnet, das sie im Namen der Freiheit und Ehre der deutschen Nation in ganz Europa angerichtet haben und täglich neu anrichten. Der deutsche Name bleibt für immer geschändet, wenn nicht die deutsche Jugend endlich aufsteht, ihre Peiniger zerschmettert und ein neues geistiges Europa aufrichtet.
Studentinnen und Studenten! Auf uns sieht das deutsche Volk. Von uns erwartet es wie 1813 die Brechung des napoleonischen, so 1943 die Brechung des nationalsozialistischen Terrors aus der Macht des Geistes. Beresina und Stalingrad flammen im Osten auf, die Toten von Stalingrad beschwören uns.

»Frisch auf mein Volk, die Flammenzeichen rauchen!«

Dies war das Flugblatt, das die Geschwister Scholl am 18. Februar im großen Lichthof der Münchner Universität abwarfen. Sie wurden darüber festgenommen, ebenso am nächsten Tag der Student Christoph Probst. Am Montag den 22. Februar vormittags standen sie bereits vor dem Volksgerichtshof, am gleichen Nachmittag um fünf Uhr waren sie hingerichtet. Am folgenden Morgen bezeichnete sie eine kurze Zeitungsnotiz als »charakteristische Einzelgänger« und »verworfene Subjekte«, die nichts anderes als einen raschen und ehrlosen Tod verdient hätten.

Sie waren alle heldenhaft gestorben und hatten in sämtlichen Vernehmungen keinen der vielen Mitbeteiligten genannt. Aber mein Mann wußte wohl, womit er zu rechnen hatte, so sehr er versuchte, mir jede unnötige Aufregung zu ersparen. Am 21. Februar verbrannten wir gemeinsam alle Briefe und Papiere, die irgendwie verdächtig erscheinen konnten. Am 25. mußte er in der Universität mitanhören, wie in einer eigens einberufenen Versammlung auch der Gaustudentenführer seine jungen Freunde als ehrlose und niederträchtige Gesellen schmähte und wie der Druck des Todesurteils und der Gestapo jede Regung des Widerstandes in der leidenschaftlich aufgewühlten Jugend unterband. Am 26. abends – ich war eben über Land gegangen – war er lange bei Freunden zu Besuch und kehrte erst nach Mitternacht in unsere Wohnung zurück. Am 27. Februar, samstags, früh um halb sieben Uhr wurde er verhaftet. Nur unsere kleine Birgit, damals zwölf Jahre alt, war zugegen.
Umsonst versuchte ich am 1. und 2. März, ihn im Gestapogefängnis im Wittelsbacherpalais zu besuchen, ich wurde abgewiesen. Meine eigenen Schritte waren bereits alle überwacht. Am 3. März wurde auch ich verhaftet, ebenso die beiden Schwestern meines Mannes. Die eine, deren Verhaftung unter besonders harten Umständen erfolgt war, wurde am 13. März wieder entlassen, da ihre Schule sie dringend reklamierte und Unruhen in den Kreisen der Elternschaft zu befürchten waren – die andre blieb gemeinsam mit mir bis zum 20. April, dem Tag nach der Verhandlung meines Mannes, gefangen. Man konnte mir, obwohl der Polizeigeneral v. Eberstein selbst meine erste Vernehmung leitete, keine Beteiligung nachweisen, so behielt man uns beide in sogenannter

»Ehrenhaft«, zuerst im Polizeipräsidium in der Ettstra-
ße, in einer kalten Gefängniszelle mit zwei Holzprit-
schen und einem kleinen Tisch, bei anfangs sehr schlech-
ter und ekelerregender Nahrung, dann ab 23. März
gleichfalls im Gestapogefängnis an der Briennerstraße.
Aber am Tag, nachdem wir hier eingeliefert worden waren, wurde mein Mann ins Gefängnis am Neudeck über-
führt, wo er mit Verbrechern eine Zelle teilen mußte –
wie hatte ich mich gesehnt und gefreut, ihn vielleicht wenigstens einmal im Garten zu sehen! Ich erfuhr diese
Nachricht von der kleinen Birgit, die mich besuchen
durfte. Sie war ganz aufgelöst in Tränen, leise flüsterte sie
mir zu: »Nun werden sie den Vadder umbringen!« und
laut sagte sie wütend: »Nun hab ich endlich das Lügen
satt!« Immer müsse sie auf Befehl der Gestapo allen Leuten sagen, ihre beiden Eltern seien verreist, nach den
schweren Luftangriffen im März glaube es ihr niemand
mehr. Der Beamte drohte ihr darauf: »Wenn du nur
kommst, um zu weinen, darfst du deine Mutter nicht
mehr besuchen!« Aber auch mir war ja verboten, meinem
Mann irgendetwas von meiner eigenen Verhaftung mit-
zuteilen. Ich mußte ihm immer schreiben, als wenn ich
unbehelligt zu Hause bei unseren Kindern wäre.
Von ihm erhielten wir in diesen zwei Monaten in etwa
zweiwöchentlichen Abständen viermal knappe Nachrichten – meist nur kurze Bezeugungen der Sehnsucht,
der Liebe, des Dankes für Briefe und kleine Lebensmit-
tel- oder Wäschesendungen, die wir ihm zugehen lassen
konnten, auch über Geldfragen. Denn das Ministerium
hatte ihm sofort nach der Verhaftung die Beamteneigen-
schaft, der Rektor der Universität am 8. März den Doktortitel entzogen, wir hatten weder Gehalt noch Pension.

In Neudeck wurde ihm auf meinen Antrag beim Oberreichsanwalt erlaubt, in der Freizeit zu arbeiten. Am 4.
April berichtete er uns erfreut, daß er ein großes Kapitel
der »Volksliedtypologie« abgeschlossen und die Aufsätze für einen Band über »Volksliedforschung« fertigge-
stellt habe. Er bat um Bücher für sein Leibnizwerk. »Arbeiten ist das Einzige, was ich für Euch tun kann, und ich
arbeite gern und dauernd.« Alle seine Briefe waren gefaßt
und ruhig, voll liebender Fürsorge für die Kinder, voll
Unruhe nur, wenn irgend ein erwartetes Lebenszeichen
von uns nicht rechtzeitig eintraf. Was mochte er in diesen
langen, schweren, einsamen Wochen von Haft und Vernehmungen innerlich alles erlebt und erlitten haben!
Am 19. April, am Hochzeitstag seiner Eltern, wurde seine eigene Verhandlung, zugleich mit der von zwölf weiteren Angeklagten, darunter Schmorell und Graf, anbe-
raumt. Am Abend vorher schrieb er mir: »Wenn ich den
Tod leiden soll im Kampf um die Freiheit, dann freut
Euch und jubelt über einen, der heimgefunden hat in die
letzte Freiheit des Geistes. Dann hat mich das Opfer des
Lebens vollends frei gemacht. Wenn ich aber noch warten und büßen soll, dann weiß ich, Ihr werft keinen Stein
auf mich! Ihr tragt das Schicksal stolz und frei mit mir,
denn die höchste Ehre des guten Willens, der innersten
tätigen Überzeugung kann uns Menschenurteil nicht
rauben. Dann hoffe und freue ich mich stündlich auf den
Tag, der uns wieder vereinen wird, gleich wie er falle. So
bin ich ruhig und hoffe und bete, daß Dir, Liebste, den
geliebten braven Kinderlein Gott die Ruhe schenke.«
Auch den nächsten Freunden schrieb er in diesen Stunden noch dankend und abschiednehmend, er legte ihnen
das Schicksal von Frau und Kindern ans Herz. »Ich

brachte es nicht mehr über mich, mein Kolleg mit gutem Gewissen weiterzulesen, ohne den Versuch zur Rückkehr zum Rechtsstaat zu unternehmen. Einmal wäre ich doch in offenen Konflikt mit einer Staatsentwicklung gekommen, die ich aus innerster Überzeugung auch nicht mehr in passiver Haltung mitmachen kann ...«

Am Tag der Verhandlung, einem Montag, war unser ganzer Wittelsbacherpalast wie ausgestorben. So durften meine Schwägerin und ich uns ohne einen Wachposten im Garten bewegen. Aber wir wußten, daß mittlerweile mein armer Mann vor einem unerbittlichen Gericht um sein Leben rang. Um neun Uhr im kleinen Sitzungssaal Nr. 216 des Münchner Justizpalastes war die Verhandlung angesetzt. Der Saal war nach dem Bericht eines Augenzeugen von Richtern, Staatsanwälten, Angehörigen der Wehrmacht, Partei und Gestapo überfüllt. Es strotzte von glänzenden Uniformen. Neben dem Oberlandesgerichtspräsidenten und dem Generalstaatsanwalt waren der Reichsstatthalter und der Gauleiter, die kommandierenden Generäle der Wehrmacht und der Luftwaffe erschienen. Die dreizehn Angeklagten, je zwischen zweien ein Schupobeamter, saßen eng zusammengedrängt. Vor ihnen, kaum minder knapp im Raum, an zwei kleinen runden Tischen, sechs Verteidiger. Punkt neun Uhr betrat der Volksgerichtshof in seinen roten Talaren den Saal. Vorsitzender war der berüchtigte Präsident des Volksgerichtshofes, Dr. Freisler aus Berlin, drei der vier Beisitzer waren Gruppenführer der SS und SA. Die Verteidigung meines Mannes hatte auf seinen Wunsch Justizrat Dr. Roder übernommen, der in früheren Jahren Hitler verteidigt hatte. Mein Mann hatte in den Besprechungen großes Vertrauen zu ihm gefaßt: »Ich weiß, er

tut, was er nur kann«, hatte er mir noch am 18. April geschrieben. Aber nun, sofort nach Beginn der Verhandlung, erhob sich Dr. Roder: Er habe erst jetzt Kenntnis
von den schweren Beleidigungen gegen den Führer erhalten, die das von Huber verfaßte Flugblatt enthalte. Mit
Rücksicht hierauf sei ihm eine Weiterführung der Verteidigung unmöglich, er bitte um seine Entlassung. Der
Vorsitzende gab ihm diese auf der Stelle und übertrug die
Pflichtverteidigung einem der noch verbleibenden fünf
Anwälte, Dr. Deppisch. Als dieser einwandte, daß ihm
das Aktenmaterial nicht bekannt sei, erhielt er die höhni-
sche Abfertigung: »Es wird schon gehen. Ich werde alles,
was noch von Bedeutung ist, vorlesen, und Sie dürfen
überzeugt sein, daß ich wahrheitsgemäß vortragen werde.«
Das war die Verteidigung und der Rechtsschutz des Angeklagten im Dritten Reich!
Während des Verhörs der Angeklagten, wird berichtet,
gebärdete sich der Vorsitzende wie ein Komödiant. Er
gestikulierte wild mit den Armen, trommelte nervös mit
den Fingern, schrie und tobte. Als eine angeklagte Stu-
dentin einmal von »Professor Huber« sprach, brüllte er
sie an: »Ich kenne keinen Professor Huber, auch keinen
Dr. Huber, nur einen Angeklagten Huber. Dieser verdient gar nicht ein Deutscher zu sein. Er ist ein Lump!«
Einen Entlastungsbeweisantrag Hubers durch den damaligen Präsidenten der Bayerischen Akademie der Wissenschaften lehnte er kurzweg ab. Einer der Mitangeklagten
berichtete aus dem Verhör noch folgende Einzelheiten:
Freisler fragte: »Kennen Sie Fichte?« Mein Mann erwiderte: »Aber Herr Präsident!« Freisler warf ihm vor:
»Aber ein Fichte ist nicht aus Ihnen geworden.« Darauf

antwortete mein Mann: »Ich bin kein Fichte geworden, ich bin jetzt mehr.« In der Schlußrede sprach mein Mann mindestens eine Viertelstunde über Fichte. – Als Freisler einmal brüllte: »Sie haben gemeinsame Sache gemacht mit den Leuten von Katyn!« sprang mein Mann wütend auf: »Das wagen S i e mir zu sagen. Sie haben ja mehr Menschen auf dem Gewissen, als in Katyn umgebracht wurden! Und wer sie umgebracht hat, wird die Zukunft zeigen.«

Gegen Abend beantragte der Reichsanwalt gegen die drei Hauptangeklagten, deren Handlungsweise ein Dolchstoßversuch in den Tagen des schwersten Ringens der nationalsozialistischen Wehrmacht sei, die härtesten Strafen, die das Strafgesetzbuch kenne, den Tod und die Ehrlosigkeit. Über Huber insbesondere könne er etwas Günstiges nicht sagen. Als deutscher Professor hätte er die besondere Pflicht gehabt, die ihm anvertraute akademische Jugend im Sinn der deutschen Staatsführung, also des Nationalsozialismus, zu erziehen. Tatsächlich aber habe er das Gegenteil getan, zur Sabotage gegen die Kriegsführung aufgerufen und sich erdreistet, den Führer in der gemeinsten Weise zu beschimpfen. – Der Verteidiger versuchte ihn als weltfremden und überarbeiteten Idealisten zu entschuldigen. Er hob seine Verdienste um die deutsche Wissenschaft hervor, rühmte ihn als einen Gelehrten von Weltruf und pries die Offenheit seines Charakters. »Sollte ein solcher Mann wegen eines Verzweiflungsschrittes für immer fallen? Es ist schwer, sich eine solche Möglichkeit vorzustellen.« Er beantragte eine angemessene Freiheitsstrafe und Belassung der bürgerlichen Ehrenrechte.

Zum Abschluß erhielten die Angeklagten das Wort. Die

Ausführungen meines Mannes waren nach dem Zeugnis aller Anwesenden in ihrer tapferen, leidenschaftlichen Überzeugungskraft von tiefer Wirkung. In seinen Notizen für sie fanden sich folgende Sätze:

Als deutscher Staatsbürger, als deutscher Hochschullehrer und als politischer Mensch erachte ich es als Recht nicht nur, sondern als sittliche Pflicht, an der Gestaltung der deutschen Geschicke mitzuarbeiten, offenkundige Schäden aufzudecken und zu bekämpfen.

Es gibt für alle äußere Legalität eine letzte Grenze, wo sie unwahrhaftig und unsittlich wird. Dann nämlich, wenn sie zum Deckmantel einer Feigheit wird, die sich nicht getraut, gegen offenkundige Rechtsverletzung aufzutreten. Ein Staat, der jegliche freie Meinungsäußerung unterbindet und jede, aber auch jede sittlich berechtigte Kritik, jeden Verbesserungsvorschlag als » Vorbereitung zum Hochverrat« unter die furchtbarsten Strafen stellt, bricht ein ungeschriebenes Recht, das im gesunden Volksempfinden noch immer lebendig war und lebendig bleiben muß.

Er stellte sich an die Spitze der jungen Angeklagten und beanspruchte für sie alle die Anerkennung einer uneigennützigen und idealen Gesinnung. Er schloß mit folgenden Worten:

Ich bitte und beschwöre Sie in dieser Stunde, diesen jungen Angeklagten gegenüber im wahren Wortsinn schöpferisch Recht zu sprechen, nicht ein Diktat der Macht, sondern die klare Stimme des Gewissens sprechen zu lassen, die auf die Gesinnung schaut, aus der die Tat hervorging. Und diese Gesinnung war wohl die uneigennützigste, idealste, die man sich denken kann!

Ich hoffe zu Gott, daß die geistigen Kräfte, die es rechtfertigen, rechtzeitig aus meinem eigenen Volke sich entbinden mögen. Ich habe gehandelt, wie ich aus meiner inneren Stimme heraus handeln mußte. Ich nehme die Folgen auf mich nach dem schönen Wort Johann Gottlieb Fichtes:

> *Und handeln sollst du so, als hinge*
> *Von dir und deinem Tun allein*
> *Das Schicksal ab der deutschen Dinge,*
> *Und die Verantwortung wär dein.*

Das Gericht verkündete nach kurzer Beratung das Urteil, wie es im Faksimile diesen Blättern beiliegt:
»Alexander Schmorell, Kurt Huber und Wilhelm Graf haben im Kriege in Flugblättern zur Sabotage der Rüstung und zum Sturz der nationalsozialistischen Lebensform unseres Volkes aufgerufen, defaitistische Gedanken propagiert und den Führer aufs gemeinste beschimpft und dadurch den Feind des Reiches begünstigt und unsere Wehrmacht zersetzt. Sie werden deshalb mit dem Tode bestraft. Ihre Bürgerrechte haben sie für immer verwirkt.«
Die Zeitungen erwähnten es am nächsten Morgen, zum Geburtstag des Führers, unter der Überschrift »Gerechte Strafe gegen Verrat an der kämpfenden Nation« und in der irreführenden Fassung, als sei das Todesurteil bereits vollstreckt.
An diesem 20. April wurden meine Schwägerin und ich aus dem Gefängnis entlassen. Wir mußten dabei eidesstattlich versichern, über unsere Haft nichts auszusagen und keinen Schritt zur Begnadigung meines Mannes zu

unternehmen. Widrigenfalls drohte man uns mit lebens-
länglichem Konzentrationslager. Ein Beamter gab uns
noch den Rat, sofort bei der Staatsanwaltschaft um Sprech-
erlaubnis mit dem Verurteilten nachzusuchen. Aber der
Beamte, den wir nach einigen Irrgängen im Justizpalast
erreichten, war äußerst kühl: er hätte von einer Tagung
des Volksgerichtshofes überhaupt nichts gehört (tatsächlich war er selbst in der Verhandlung gewesen), wir sollten im Zuchthaus Stadelheim anfragen. Dort erfuhren
wir, daß der zum Tod Verurteilte seine nächsten Angehörigen – Eltern, Geschwister, Frau und Kinder über
achtzehn Jahren – noch einmal zwanzig Minuten lang
sprechen dürfe. Da der Vollstreckungsbefehl, wie bei
den Geschwistern Scholl und Probst, jeden Augenblick
eintreffen konnte, bestand ich mit meiner Schwägerin auf
sofortigem Besuch. Seit sieben Wochen sah ich meinen
Mann zum ersten Mal wieder.

Noch ganz unter dem furchtbaren Eindruck von Verhandlung und Urteil stehend, stand er in Sträflingsklei-
dung zutiefst bewegt an der Besuchsschranke, neben ihm
Willy Graf, der junge Student, mit leuchtenden Augen,
zwischen beiden der Wachtmeister. Er betonte wiederholt, sein Handeln sei der Ausfluß innerster Berufung
und die Erfüllung seiner Mission für die deutsche Ehre,
Wahrheit und Freiheit.

Mein zweiter Besuch war zusammen mit seinem Bruder
und seiner Schwester Dora am Karfreitag, den 23. April,
mein dritter am 17. Mai. An diesem Tag lehnte sich der
diensttuende Wachtmeister Meinhard Schneider von uns
ab ans Fenster, so konnten wir uns endlich, zum ersten
Mal, etwas freier und ungehemmter aussprechen. Mein
Mann sah sehr schlecht aus und bekam erst ein wenig

Farbe, als ein anderer Wachtmeister, Reindl, ihm in einem Bierglas den Rest einer Flasche Rotwein brachte; es hatten mir ja in diesen Wochen so viele Liebesgaben für meinen Mann zukommen lassen. – Erst jetzt konnte ich ihm von meiner und seiner beiden Schwestern Verhaftung und von unseren Vernehmungen erzählen. Er selbst berichtete über seine wissenschaftlichen Arbeiten. Er sei so froh, nach der ersten qualvollen Zeit, während der ihm jede Arbeit verboten gewesen war, wieder schaffen zu dürfen. Er trug mir Warnungen für den oder jenen Bekannten auf, den er für gefährdet hielt; auch einen Brief von ihm gelang es mir unbemerkt hinauszubringen. Als ich ihn beim Abschied noch einmal fragte, ob er nicht doch noch an Begnadigung glaube, antwortete er: Nein, aber ich dürfe ruhig hoffen.

Inzwischen hatte nämlich sein Verteidiger bereits wenige Tage nach der Verhandlung ein Gnadengesuch eingereicht. Gleichzeitig teilte er mir den Wunsch meines Mannes mit, im Fall der Vollstreckung im Waldfriedhof bestattet zu werden. Er riet mir dabei, vorsorglich bereits jetzt die hierfür notwendigen Schritte, am besten persönlich und mündlich, zu unternehmen. So war ich gezwungen, bei der zuständigen Staatsanwaltschaft des Landgerichts München I, noch während mein Mann lebte, über seinen Tod und sein Grab zu verhandeln. Dabei hörte ich gleich beim Eintreten, wie der Beamte am Telefon sagte: »Ja, Herr General, das machen wir immer so. Wir warten gar nicht lange das Gnadengesuch ab, wir vollstrecken einfach.« Sollte er vielleicht gerade von meinem Mann gesprochen haben? Man kann sich denken, wie diese Worte mich erschütterten, die den Stand unserer damaligen Rechtspflege beleuchteten. Unterm 4. Mai hatte sich dann auch der Verlag Cotta mit einem eigenen Gesuch um Arbeitsbegnadigung an den Oberreichsanwalt beim Volksgerichtshof nach Berlin gewandt. Dieses Gesuch hatte folgenden Wortlaut:

Wir haben vom Pflichtverteidiger Professor Hubers, Herrn Dr. Deppisch in München, erfahren, daß ein Gnadengesuch für Professor Huber läuft. Daher glauben wir als Verlag, der mit ihm in Arbeitsverbindung steht, uns verpflichtet, auf Folgendes hinweisen zu müssen, da wir die Fähigkeiten und Arbeiten Hubers sehr gut kennen.

Huber ist – abgesehen von seiner sonstigen überragenden kulturellen Bedeutung – auf dem Gebiet der deutschen und europäischen Volksliedforschung unersetzlich. Bei ihm treffen Begabungen zusammen, die in dieser Verbindung kaum mehr vorzufinden sind: für Philosophie, Psychologie, Musik und Musikgeschichte. Er hat diese überragende eigenartige Begabung, mit der eben auch eine gewisse psychische Belastung zusammenhängt, wie sie bei vielen Genies anzutreffen ist, vor allem der Volksliedforschung zugutekommen lassen und ist mindestens in Deutschland der beste Kenner auf dem Gebiete des internationalen Volkslieds und der einzige Fachmann für das europäische Volkslied. Dafür ist er auch im Ausland bekannt. 1936 hat er auf dem Internationalen Kongreß für Volksmusik in Barcelona Deutschland vertreten, wobei er zum Vorsitzenden der internationalen Sektion Volkslied ernannt wurde. 1937 hat er in Verbindung mit der serbischen Akademie der Wissenschaften und anderen Gelehrten in deutschem Auftrag Schallplattenaufnahmen bosnischer Volkslieder in Serajewo durchgeführt. In den regelmäßig von der Deutschen Akademie veranstalteten Fortbildungskursen für ausländische

Deutschlehrer galten seine von 1931–38 gehaltenen Vorträge über Pädagogik und Psychologie des Unterrichts als die wirkungsvollsten; durch seine Hand sind in dieser Zeit mindestens 2000 ausländische Germanisten aller Länder der Erde gegangen, mit denen er auch außerhalb des Unterrichts viel zusammen war. Es wurde immer wieder vom Ausland der Wunsch geäußert, er solle zu Gastvorlesungen kommen, zuletzt 1942 in Sofia von führenden bulgarischen Germanisten. Huber bedeutet ohne Frage für das deutsche Volkslied etwas Ähnliches, wie die Gebrüder Grimm für das deutsche Märchen, wobei seine Arbeit über das deutsche Volkslied hinaus auf das europäische übergreift und über die Sammlung hinaus eine psychologisch-philosophische und musikästhetische Ergründung bedeutet, die sowohl nach der Seite der Methodik wie nach der Seite der Erkenntnis grundlegender Stammeseigentümlichkeiten eine außerordentliche Bedeutung hat. Sein eigentliches Lebenswerk, die Volksliedtypologie und die Sammlung der deutschen Volkslieder, würden zum klassischen Geistesbesitz des deutschen Volkes gehören.

Begonnen hat Huber folgende Werke – an einigen von ihnen hat er noch während seiner Haft stark weitergearbeitet:

1. Musik der Landschaft – eine großangelegte Sammlung der Volkslieder aller deutschen Stämme, zusammen mit dem bekannten Komponisten Carl Orff. Hierzu lagen jahrzehntelange Vorarbeiten vor. So hat Huber, von jeher ein besonders guter Kenner und Pfleger des Brauchtums, in allen bayerischen Dörfern, in denen er gut bekannt ist, zusammen mit Kiem Pauli die Volkslieder auf Schallplatten aufgenommen.

2. Volksliedtypologie
3. Die volkskundliche Methode in der Volksliedforschung.
4. Die Verwertung des Volkslieds bei den deutschen
   Musikern
5. Leibniz-Biographie
6. Hegel in Berlin
7. Ein großes systematisches Leibniz-Werk
8. Eine eigene Wissenschaftslehre.

Aus diesen Gründen bitten wir, zu erwägen, ob es in dem
bei Huber vorliegenden Sonderfalle nicht im Interesse
des Reiches läge, eine Arbeitsbegnadigung zur Vollendung der Werke auszusprechen. Zu bestimmen, in welcher Weise später diese Werke der Forschung zugänglich
gemacht werden können, wäre Sache des Staates.

Die Gesamtentscheidung über die Weiterbehandlung des
Falles liegt bei der obersten, juristischen Instanz; wir
glauben, es unserer Verantwortung als einer der ältesten
und um das deutsche Geistesleben verdientesten deutschen Verlage schuldig zu sein, auf die kulturelle und
kulturpolitische Seite des Falles Huber aufmerksam zu
machen, damit uns nicht mit Recht der Vorwurf gemacht
werden kann, wir hätten versäumt, auf wesentliche deutsche Belange hinzuweisen, solange es noch Zeit war.

Im besonderen bitten wir noch, daß Huber die Erlaubnis
erhält, sofort seine Arbeit wieder aufnehmen zu dürfen,
solange noch keine Entscheidung über das Gnadengesuch getroffen ist.

gez. Dr. Kurt Port

Das Gesuch wurde bereits unterm 14. Mai abgelehnt.
Aber tatsächlich hatte mein Mann doch, wie erwähnt, die

Jm Namen
des Deutschen Volkes

In der Strafsache gegen

1.) den Alexander S c h m o r e l l aus München, geboren am 16. September 1917 in Orenburg (Rußland),

2.) den Kurt H u b e r aus München, geboren am 24. Oktober 1893 in Chur (Schweiz),

3.) den Wilhelm G r a f aus München, geboren am 2. Januar 1918 in Kuchenheim,

4.) den Hans H i r z e l aus Ulm, geboren am 3o. Oktober 1924 in Untersteinbach (Stuttgart),

5.) die Susanne H i r z e l aus Stuttgart, geboren am 7. August 1921 in Untersteinbach,

6.) den Franz Joseph M ü l l e r aus Ulm, geboren am 8. September 1924 in Ulm,

7.) den Heinrich G u t e r aus Ulm, geboren am 11. Januar 1925 in Ulm,

8.) den Eugen G r i m m i n g e r aus Stuttgart, geboren am 29. Juli 1892 in Crailsheim,

9.) den Dr. Heinrich Philipp B o l l i n g e r aus Freiburg, geboren am 23. April 1916 in Saarbrücken,

1o.) den Helmut Karl Theodor August B a u e r aus Freiburg, geboren am 19. Juni 1919 in Saarbrücken,

11.) den Dr. Falk Erich Walter H a r n a c k aus Chemnitz, geboren am 2. März 1913 in Stuttgart,

12.) die Gisela S c h e r t l i n g aus München, geboren am 9.Februar 1922 in Pößneck/Thür.,

13.) die Katharina S c h ü d d e k o p f aus München, geboren am 8. Februar 1916 in Magdeburg,

14.) die Traute L a f r e n z aus München, geboren am 3. Mai 1919 in Hamburg,

zur

Einzige bisher wieder aufgefundene Ausstellung des Urteils.
Nr. 2 Kurt Huber. Fortsetzung siehe die nächsten zwei Seiten

zur Zeit in dieser Sache in gerichtlicher Untersuchungshaft,

wegen Feindbegünstigung u.a.,

hat der Volksgerichtshof, 1. Senat, auf Grund der Hauptverhandlung vom
19. April 1943, an welcher teilgenommen haben

als Richter:

Präsident des Volksgerichtshofs Dr. Freisler, Vorsitzer,

Landgerichtsdirektor Stier,

H-Gruppenführer und Generalleutnant der Waffen-H Breit-
haupt,

SA-Gruppenführer Bunge,

SA-Gruppenführer und Staatssekretär Köglmaier,

als Vertreter des Oberreichsanwalts:

Erster Staatsanwalt Bischoff,

für Recht erkannt:

cAlexander S c h m o r e l l , Kurt H u b e r und Wilhelm
G r a f haben im Kriege in Flugblättern zur Sabotage der Rüstung und
zum Sturz der nationalsozialistischen Lebensform unseres Volkes aufgerufen, defaitistische Gedanken propagiert und den Führer aufs gemeinste
beschimpft und dadurch den Feind des Reiches begünstigt und unsere Wehr-
kraft zersetzt.

Sie werden deshalb mit

den T o d e

bestraft.

Ihre Bürgerrechte haben sie für immer verwirkt.

Eugen G r i m m i n g e r hat einen feindbegünstigenden
Hochverräter Geld gegeben. Zwar kam ihm das nicht zum Bewußtsein, daß er dadurch half, den Feind des Reiches zu begünstigen. Aber er rechnete damit,
daß dieser das Geld benutzen könnte, um unserem Volk seine nationalsozialistische Lebensform zu rauben.

Weil er so einen Hochverrat unterstützt hat, bekommt er
zehn Jahre Zuchthaus und hat seine Ehre für zehn Jahre verwirkt.

Heinrich B o l l i n g e r und Helmut B a u e r haben
Kenntnis von hochverräterischen Umtrieben gehabt, das aber nicht angezeigt. Dazu haben sie fremde Rundfunknachrichten über Kriegsereignisse
oder Vorkommnisse im Innern Deutschlands zusammen angehört. Dafür bekommen sie sieben Jahre Zuchthaus und haben ihre Bürgerehre für sieben Jahre
verloren.

Hans

- 3 -

Hans **H i r z e l** und Franz **M ü l l e r** haben -als unreife Burschen von Staatsfeinden verführt- hochverräterische Flugblattpropaganda gegen den Nationalsozialismus unterstützt. Dafür bekommen sie fünf Jahre Gefängnis.

Heinrich **G u t e r** hat von solchen Propagandaabsichten gewußt, das aber nicht angezeigt. Er wird dafür mit achtzehn Monaten Gefängnis bestraft.

Gisela **S c h e r t l i n g**, Katharina **S c h ü d d e k o p f** und Traute **L a f r e n z** haben dasselbe verbrochen. Als Mädchen bekommen sie dafür ein Jahr Gefängnis.

Susanne **H i r z e l** hat hochverräterische Flugblätter verbreiten helfen. Daß sie hochverräterisch waren, wußte sie zwar nicht; aber nur deshalb, weil sie in unverzeihlicher Gutgläubigkeit sich keine Gewißheit verschafft hat. Sie wird mit sechs Monaten Gefängnis bestraft.

Allen Angeklagten, die Zuchthaus oder Gefängnis bekommen haben, hat der Volksgerichtshof ihre Polizei-und Untersuchungshaft ganz auf ihre Strafe angerechnet.

Falk **H a r n a c k** hat zwar auch seine Kenntnis von hochverräterischen Umtrieben nicht angezeigt. Aber bei ihm liegen so einmalig besondere Verhältnisse vor, daß man ihn wegen dieser Unterlassung nicht bestrafen kann. Er wird daher freigesprochen.

Die Richtigkeit der vorstehenden Abschrift wird beglaubigt und die Vollstreckbarkeit des Urteils bescheinigt.
Berlin, am 28. April 1943
Thiele, Amtsrat
als Urkundsbeamter der Geschäftsstelle.

Beglaubigt:

[Siegel] *[Unterschrift]*, Sekretär
als Urkundsbeamter d. Geschäftsstelle

Gelegenheit zu arbeiten, ich weiß nicht auf wessen Veranlassung. Es war möglich, ihm die notwendigen Bücher zukommen zu lassen, und er versenkte sich fieberhaft in die Vollendung seines Werkes über Leibniz. Was mag sonst seinen immer regen und tätigen Geist in diesen schweren Wochen und Monaten, die unerbittlich vergingen, noch alles bewegt haben? Er war von Jugend auf ein gläubiger katholischer Christ gewesen und wandte sich, geleitet von dem Gefängnispfarrer Ferdinand Brinkmann, der ihm sehr nahe stand, gefaßt und innerlich tapfer der Betrachtung der letzten Dinge zu. Er besaß auch hier noch die Kraft, sich in theologische Werke zu vertiefen, und suchte und fand Trost und Sicherheit in den Mysterien seines Glaubens. Was ihn menschlich zutiefst bewegte, zeigen wohl am deutlichsten die Verse, die er hinterließ.

An Birgit

Du liebes Kind, dein blondes Haupt
Hab ich als letztes sacht geküßt!
Ich hab gewußt und nicht geglaubt,
Daß es der letzte Abschied ist.

Du hast gescherzt, du hast gelacht
Und warst in innrer Seele wund,
Du hast mich glücklich, stolz gemacht
Und meine Seele ward gesund.

In schwerer Stunde warst du mir
Voll tapfern Muts die rechte Hand.
Mein Heldenkind! Den Dank bring dir
Ein freies deutsches Vaterland!

Für Wolfi

Sag unsrem tapfern Buben, wenn er frägt,
Ich sei für unser Vaterland gefallen,
Daß er ein stolzes Bild im Herzen trägt
Vom Vater. Sag es ihm und sag es allen:
Ich bin gefallen für die deutsche Freiheit,
Die Wahrheit und die Ehre. Dieser Dreiheit
Dient treu ich bis zum letzten Herzens-
schlag.

Dem Jungen aber, wenn er groß wird, sag,
Ich sei gestorben, Euch in Liebe segnend,
Gestärkt, geläutert, allem Haß begegnend
Und hoffend auf den Wiedersehenstag.

An meine Frau

Ich habe dir ein schwarzes Kleid geschenkt,
Ich sah dich, dunkle Rosen auf der Brust,
Beschwingten Schritts das Foyer betreten.
Ach, daß du dieses Kleid nun tragen mußt,
Um mit den Kindern unsrer Lieb und Lust
An einem aufgeworfnen Grab zu beten!

So hat das Schicksal unsern Weg gelenkt.

Den Kindern galt auch sein Hauptgedenken, als ich ihn am 14. Juni zum vierten Mal besuchen konnte – ich wußte nicht, daß es unser letztes Beisammensein war. Die Aufsicht war wieder strenger als das vorige Mal, er war gehemmter und voll Unruhe, dachte aber auch jetzt der Geschwister und aller Freunde und trug mir Grüße an sie auf.

In den folgenden Wochen schweiften seine Gedanken
besonders gern noch zurück zu den Reisen, die er in früheren Jahren so gern unternommen hatte, nach Ragusa,
ans Illyrische Meer, nach Avignon, in seine geliebten
bayerischen Berge, und er hielt ihre bunten Bilder in bewegten Versen fest. Auch sonst fügten sich ihm die Gedanken in dieser Zeit leicht zum Gedicht.

> Liebe Sonne, laß dich grüßen,
> Morgensonne, laß dir sagen,
> Du sollst meines Herzens Sehnsucht
> In die fernsten Räume tragen.
>
> In die lichten Weltenräume,
> Wo kein Arg ist und kein Böses,
> Wo nur Friede und ein Ende
> Dieses irdischen Getöses.
>
> Wollen wir Vergänglichkeiten,
> Ziele sind erreichte Fernen,
> Nur die Sehnsucht kann uns leiten
> Aufwärts zu den ew'gen Sternen.
>
> Ewig? Lichtmillionenjahre
> Trennen uns von jenen Räumen;
> Zeiten, ach! unvorstellbare
> Denken wir in Zahlenträumen.
>
>
> Was wär der Mensch, wenn ihn
> Nicht hart das Böse streifte,
> Wenn er, von Leid durchwühlt
> Nicht doch zum Guten reifte?
> Er wär nicht Mensch, er wär

Ein Spielball der Natur,
Am Bösen lernend fühlt
Er mählich Gottes Spur.

Was wäre Gott, wenn er
Nicht auch das Böse schüfe,
Daß er der Menschen Herz
Auf seine Gottheit prüfe?
Er wär nicht Gott, hätt er
Nicht Menschen je verziehen.
Nur Gnade führt sein Sein
Zu höh'ren Harmonien.

Fritz von Uhde, Tischgebet (Luk. 18, 17)

Sie beten: »Komm, Herr Jesu, sei unser Gast!«
Und senken ihre Köpfe, diese Frommen.
Allein das Jüngste schielt zur Tür
Und sieht dich, lieber Jesu, kommen! –
Es glaubt dem Wort, das du gesprochen hast.

Am 13. Juli, fast auf den Tag zwölf Wochen nach der
Verhandlung, erfuhr er, daß der Vollstreckungsbefehl
eingetroffen sei und noch am selben Tag ausgeführt würde. In seinem Abschiedsbrief schrieb er:

13. Juli 1943

_Mitten in der Arbeit für Euch hat mich heute die Nach-
richt ereilt, die ich längst erwartete. Liebste! Freut Euch
mit mir! Ich darf für mein Vaterland, für ein gerechtes
und schöneres Vaterland, das bestimmt aus diesem Krieg
hervorgehen wird ..._ (Das Wort »sterben« vergaß er oder

wollte es nicht schreiben) ... *Ich bin bei Dir und den geliebten Kinderlein alle Tage, bis Ihr mir dahin nachfolgt,
wo es keine Trennung mehr gibt! In Deine liebe, sorgende
Hand lege ich das Schicksal und die Erziehung unserer
geliebten Kinder. Ich weiß, daß sie an den Vadder denken
und ihrer geliebten Mami alle Freude machen werden,
die sie ihr an den Augen absehen können. Geliebte Clara!
Vor einem Jahr sind wir glücklich miteinander nach dem
schönen Mösern gewandert und haben in den dunkel-
blauen Blindsee geschaut. Denke an die herrlichen Stunden, an unser Zusammensein mit den Kinderlein und vergiß alles Leid! Stell Dich mit den Kinderlein unter das
Kreuz, alles andere wird Euch hundert- und tausendfach
werden. Und seid stolz, daß Ihr Euren Anteil tragt am
Kampf um ein neues Deutschland! Ihr seid Helden wie
die Frauen und Kinder, die den Vater an der Front verloren. – Du hast mir, geliebte Clara, in diesen schweren
Monaten so unendlich viel Liebe erwiesen und mir die
Leidenszeit so verschönt, daß ich nicht weiß, wie ich Dir
danken kann. Wenn ich nicht wüßte, daß ich Dir drüben
in einem besseren Jenseits zur Seite stehen darf, wäre ich
ein Bettler. So aber bleibe ich Dir ewig verbunden.
Liebste Birgit! Dein Lebensweg ist ernst und dunkel im
Anfang, aber hell in der Zukunft. Deine und Mütterleins
Briefe waren mir ein unendlicher Trost. Ich weiß, Du
bleibst der Mutter Stütze und rechte Hand. Dein Vater
vergißt Dich nicht und betet für Euch. Der liebe Gott hat
Dir reiche Gaben geschenkt. Nütze sie, freue Dich an
Musik und Dichtung und bleibe weiter der liebe gute En-
gel, der Du uns warst.
Liebster tapferer kleiner Wolfi! Vor Dir liegt noch das
ganze schöne Leben offen. Du wirst ein braver Bub und*

ein tüchtiger Mann, Mutters Beschützer und Stolz! Und
denke immer, wenn es Dir einmal schwer wird im Leben,
an den Vadder, der für seinen lieben Buben weiter sorgt!
Ihr Liebsten! Weint nicht um mich – ich bin glücklich und
geborgen. Die Alpenrosen, Euer letzter lieber Gruß aus
den geliebten Bergen, stehen verblüht vor mir. Ich gehe
in zwei Stunden in die wahre Bergfreiheit ein, um die ich
ein Leben gekämpft habe.

Geliebte! Noch eine kleine Stunde! Mein letzter Wunsch!

> Herr, o Herr, ich bin bereit,
> Reis an Deiner Freundeshand
> Fröhlich in die Ewigkeit!
> Segne unser deutsches Land,
> Segne Frau und Kinder mein,
> Tröste sie in aller Pein,
> Schenk den Liebsten Du hienieden
> Deiner Liebe Gottesfrieden!

Es segne Euch der allmächtige Gott und nehme Euch in
seinen Schutz!

                              Euer Euch liebender Vater.

Liebste! Einen letzten tapferen Schluck des edlen Port-
weins trinke ich auf Euer Wohl und auf das Wohl unseres
geliebten Vaterlandes!

Wir selbst erhielten die Nachricht erst auf Umwegen am
Abend um 22 Uhr, über meinen Schwager in Passau, der
vom Bestattungsamt München folgendes Telegramm bekommen hatte:

»Urteil Kurt Huber vollstreckt. Beerdigung 15.7.18/15 Uhr Perlacher Friedhof. Erscheinen im Bestattungsamt erwünscht. Bestattungskosten etwa 100,– Mark. «
Am nächsten Morgen ging ich mit meiner Schwägerin Paula auf das Bestattungsamt, immer noch mit einem Funken Hoffnung, es könnte eine Verwechslung vorliegen – umsonst. Wir baten um die Freigabe der irdischen Überreste des geliebten Toten und um die Erlaubnis, ihn kirchlich im Grab meiner Mutter im Waldfriedhof zur letzten Ruhe bringen zu dürfen, denn auch mir gegenüber hatte er im letzten Winter einmal den Wunsch ausgesprochen, im Waldfriedhof begraben zu werden. Zu unserem Erstaunen begegnete unsere Bitte keiner Schwierigkeit.
Am 15. Juli, in stiller, abendlicher Feierstunde, nachdem der Friedhof von allen übrigen Besuchern verlassen war, betteten wir ihn in geweihter Erde zur Rast. Kein Name stand über seinem Sarg, keine Kerze durfte brennen. Kaplan Dr. Ammer sprach die Aussegnungsworte in der Halle, und der kleine Zug, nur die Kinder, die beiderseitigen Geschwister und einige nächste Anverwandte, setzte sich in unwürdiger Eile in Bewegung. Der kleine vierjährige Knabe an meiner Hand war gezwungen, ständig zu springen. Keine Glocke erklang, nur Birgit und ich sangen im raschen Vorwärtsgehen den alten ehrwürdigen, nun für uns so schmerzlich bedeutungsvollen Choral »Oh Haupt voll Blut und Wunden«. Am Grab angekommen hielt der Priester eine kurze würdige Ansprache, ohne jede Verbeugung vor der Gewalt. Dann sangen meine Schwester, Birgit und ich noch einmal das Lieblingslied meines Mannes vom Andreas Hofer »Ach Himmel, es ist verspielt«, die erste und die letzte Stro-

phe. Hinter den Bäumen und Grabsteinen lauerte auch
hier die Gestapo.

Von den folgenden Wochen will ich schweigen, sie waren
für mich voll von unheimlicher Ruhe; ich glaubte sie
nicht zu ertragen. Aber einige Züge gehören doch noch
zum Bilde des Systems, zu dessen Beseitigung mein
Mann sein Leben eingesetzt hatte. Schon Mitte August
bekam ich eine neue Vorladung zur Gestapo. Ich ging
mit meinem kleinen Knaben hin, weil ich nicht wußte,
wo ich ihn lassen sollte. Wie ich ins Zimmer eintrat, hörte
ich, wie das Schreibfräulein zu dem Beamten sagte:
»Heut bringt sie ihren Buben mit, damit wir sie nicht behalten können.« Man teilte mir schroff mit, daß von den
Anglo-Amerikanern tausende von den Flugblättern meines Mannes über Deutschland abgeworfen worden seien
– was ich dazu zu sagen hätte? »Ich bin sehr erstaunt«,
mehr konnte ich nicht sagen, innerlich freute ich mich.
»Nun sehen Sie, was Ihr Mann mit seinem Flugblatt für
einen großen Schaden angerichtet hat, da werden Sie
doch die Strafe für gerecht halten?« »Gerecht, nein.«
»Hier, unterschreiben Sie! Wenn Sie nicht unterschreiben, teilen Sie die Ansicht Ihres Mannes, und wir müssen
Sie hier behalten.« So unterschrieb ich dieses Blatt, ich
weiß heute den Inhalt nicht mehr, nur das eine, daß von
dem Flugblatt überhaupt nichts erwähnt war – ich kam
mir trotzdem nachher vor, als ob ich meinen Mann verraten hätte.

Ein andres Mal, als ich in Stadelheim die restlichen Bücher
und Kleider meines Mannes abholen wollte, sagte mir ein
Unterbeamter im Vorzimmer des Gefängnisdirektors, die
Sachen blieben hier und ob ich denn glaube, die Exekution
würde nichts kosten, das Schaffott werde doch abgenützt,

3000,– Mark. Als ich erwiderte, woher ich denn das Geld nehmen könnte, meinte er: »Na also, vielleicht machen wir es auch um 1000,– Mark, nachdem wir jetzt so viele Hinrichtungen haben.« Ich antwortete nichts mehr, und man kam nicht weiter darauf zurück. Ebensowenig freilich kam das Ministerium auf meine mündlichen und schriftlichen Eingaben um Ruhegehalt oder wenigstens einen Notzuschuß für meine Kinder und mich zurück. Wir hätten sterben und verderben können, wären nicht Verwandte und Freunde, Bekannte und Unbekannte uns in rührender Weise zu Hilfe gekommen. Es drängt mich, an dieser Stelle ihnen allen zu danken und des Studenten *Hans Carl Leipelt* zu gedenken, der ebendeswegen am 8. Oktober 1943 von der Gestapo verhaftet und am 29. Januar 1945 noch hingerichtet wurde. Auch ich selber wurde im Oktober 1943 noch einmal zur Gestapo geladen und sollte Auskunft geben über Stellen und Persönlichkeiten, die uns Geldspenden zukommen ließen. Bis zuletzt blieben wir alle unter dem Druck ständiger Überwachung. Erst allmählich fand ich Ruhe und Trost in der Fürsorge für unsere Kinder, in der stillen Sicherung des wissenschaftlichen Nachlasses meines Mannes für die ersehnten besseren Zeiten, im Umgang mit den Meinen und treugebliebenen Freunden und Schülern.

Und nun wird uns allen nach qualvollen Jahren die Zunge gelöst. Das Vertrauen meines Mannes in den gerechten Lauf der Geschichte, der seine Tat rechtfertigen würde, hat sich erfüllt. Die folgende Gedenkschrift soll zum ersten Mal auch weiteren Kreisen ein Bild davon geben, was Deutschland und die deutsche Wissenschaft an ihm verlor – was er ohne Zögern einsetzte im Kampf um Deutschlands Freiheit.

Ich möchte diese kurzen Zeilen über seinen Schicksals-
weg abschließen mit dem Brief des Gefängnispfarrers
Ferdinand Brinkmann, der in den letzten Monaten sein
vertrautester Umgang war:

Der kath. Pfarrer der Gefängnisse   München, den 4. 8. 45

Sehr geehrte Frau Professor Huber!

Ich freue mich mit Ihnen von Herzen, daß die Zeit nunmehr reif ist, von Ihrem tapferen Manne öffentlich zu
sprechen. Schon während seiner langen Wartezeit in
Neudeck und Stadelheim habe ich ihm gesagt, daß diese
Zeit, die Zeit der Rechtfertigung seiner Tat, bald kommen werde. Wie den großen Erfindern, so gehts auch
meistens den Anwälten der Wahrheit. Sie müssen sterben, damit die Wahrheit ans Licht komme. »Wenn das
Weizenkorn nicht in die Erde fällt und stirbt, so bleibt es
allein und bringt keine Frucht.« So lesen wir schon im
heiligsten Buche der Menschheit. Wenn Sie sehen, wie
sich die Welt heute mit Ihrem Manne beschäftigt, dann
mögen Sie daran erkennen, daß das Saatkorn aufgegangen ist. Ich bin glücklich, Ihrem Mann auf dem letzten
Abschnitt seines erfolg- und arbeitsreichen Lebens so nahe gekommen zu sein. Ich habe ihn besucht, so oft ich
konnte, in der Woche mehrere Male. Was mir sofort an
ihm auffiel, war die völlig klare Erkenntnis seiner Situation. Nicht einen Augenblick war er sich im Unklaren,
daß sein offenes Bekenntnis vor seinem studentischen
Volk und seinen Richtern für ihn nur den Tod bedeuten
konnte.
Wenn ich hie und da versuchte zu seinem Troste und zu

seiner Prüfung auf die Aussicht hinzuweisen, daß er wegen seiner hohen geistigen Stellung, seines Einflusses und der Folgen einer Vollstreckung der Strafe doch noch auf Begnadigung rechnen könne, wies er diesen Versuch ab mit der Bemerkung: »Dann kennen Sie die Bande noch nicht ganz.« Ich kannte sie allerdings und habe tatsächlich nicht gezweifelt, daß man neben das materielle Stalingrad auch ein geistiges setzen würde.

So war es etwas Logisches, daß er sich nunmehr als Mann des Geistes und des Heiligen Geistes den letzten Dingen des Menschen zuwandte. Als geistiger Exponent der Universität München arbeitete er fieberhaft an der Vollendung eines Werkes über den Philosophen Leibniz. Wenn ich ihn in der engen Zelle am kleinen Tisch arbeiten sah, den sicheren Tod vor Augen, aber trotzdem die Feder, seine gefährliche Waffe, emsig und sicher über das Papier führend, dann war mir das ein erschütterndes Bild von der geistigen Situation Deutschlands: Der Geist war eingekerkert und zum Tode verurteilt! Was für ein gewaltiger sittlicher Einfluß von der Haltung dieses Christophorus auf seine jungen Klienten ausgegangen sein mußte, bewiesen alle die, die mit ihm denselben Weg gehen mußten. Wie ihr Meister wichen und wankten sie nicht und bekannten sich freimütig zu ihrem Schritt. Keine Gestapotortur konnte ihr heiliges Schweigen brechen, und man hat es versucht bis kurz vor die Tore des Todes. Ich erinnere mich da besonders des Medizinstudenten Willy Graf aus Saarbrücken, dem man durch Androhung eines besonders schweren Sterbens noch Geheimnisse um die Mitverschworenen entreißen wollte.

Es ist klar, daß eine solche Haltung nicht im Winde wurzeln konnte. Ihr Mann war ein Christ, und es war kein

Zufall, daß sich nur überzeugte Christen um ihn versammelten. Es war sein besonderer Stolz, daß er vor dem höchsten Gericht, dem Volksgericht, erklären durfte, daß die von ihm sorgsam beobachtete Entwicklung mit seinem Christentum nicht mehr vereinbart werden konnte. Fortan nahm ihn die Gestalt Christi immer mehr gefangen. Mit welcher Inbrunst las er die große Dogmatik von Professor Schmaus aus Münster. »Hätte ich die eher gekannt, in meinem Leben wäre manches klarer herausgearbeitet worden«, erklärte er mir nach der Lektüre, die ihn offenbar sehr beeindruckt hatte. Oftmals suchte und fand er Trost und Sicherheit in den heiligen Mysterien unseres Glaubens. Wie auf dem Gebiete der Natur, so war ihm auch in der Übernatur alles klar und durchsichtig. Christus war ihm Weg, Wahrheit und Leben geworden. Ich sehe ihn noch auf dem kurzen Weg von der Zelle zur Hinrichtungsstätte gehen, äußerlich männlich und aufrecht wie immer, mit einem Lächeln im Antlitz, das ihm der kurze Verlust eines seiner Pantoffelschuhe abnötigte, und dem festen Glauben im Herzen, daß sein Tod nur Durchgang zum Leben sei. Als ich kurz darauf den dumpfen Schlag des Messers hörte, dachte ich das Wort der Prim: »Pretiosa in conspectu Domini mors sanctorum eius!« Kostbar in den Augen Gottes ist das Sterben seiner Gerechten. Ich teile mit Ihnen, Frau Professor, Ihre heilige wahrhaft stolze Trauer!

Ihr Pf. Brinkmann

Er selbst aber hatte schon 1938 einmal vorahnend in seinem Notizbuch geschrieben:

> Auf meinem Grabstein könnt Ihr's lesen –
> Hut ab! – der ist ein Mensch gewesen.
> Er war kein sündeloser Geist,
> Kein Schurke, der bloß niederreißt,
> Er hat bedächtig aufgebaut,
> Zur rechten Zeit sich ein Wort getraut,
> Hat sich vor keinem Tyrannen gebückt,
> War nicht von falschen Propheten berückt.
> Er hat gelernt, gewirkt, gestrebt,
> Nur einem Ziel: der Freiheit gelebt.

Briefe aus drei Gefängnissen

München, 20.3.43

Geliebte Clara und Birgit!

Dein lieber Brief und die schönen Sendungen haben mich so gefreut, getröstet und beruhigt. Ich sehne mich auch nach der Stunde, da wir uns wenigstens sprechen können. Ihr könnt Euch denken, daß ich immer mit Euch bin und mir ausdenke, was Ihr nun treibt. Hoffentlich liegt das arme Birgitlein nicht noch im Bett! Vorgestern wurde mir ein Gruß von ihr ausgerichtet, so daß ich meinte, sie sei dagewesen. Ich kann mir nicht recht vorstellen, daß eine Keuchhustenansteckung bei ihr nach so langer Zeit noch wirksam sein soll. Wolfi scheint ja merkwürdig selbständig zu werden. Sage doch Mama ganz besonderen Dank von mir, daß sie ihn noch behält. Es ist für Dich doch leichter, und erst recht, wenn Birgit krank ist und Ruhe braucht. Sie soll diesmal nicht zu früh wieder in die Schule gehen; sie braucht auf alle Fälle Erholung!

Was meine Arbeiten hier betrifft, so habe ich zunächst ganz systematisch die *Lücken* in den Volksliedaufsätzen für Cotta ausgefüllt. Sie müßten noch mit Maschine geschrieben und andere genau bezeichnete Stellen im Manuskript eingefügt werden. Genaue Anweisungen zur Herausgabe habe ich beigegeben, so daß Du Dich bestimmt auskennst.

Etwas schwieriger ist die Weiterarbeit an Leibniz ohne
Unterlagen. Ich habe die einzige Lücke im dritten Kapitel ausgefüllt. Im zweiten Kapitel fehlt an einer Stelle ein
halber Satz, der durch Vertippen ausfiel. Ich kann ihn
unmöglich aus dem Kopf ergänzen. In Kapitel 4 und 5
schreibe ich gerade die Partien, die man im Kopf machen
kann. Zur Zusammenstellung des Textes brauche ich
jedoch unbedingt den Text und mehrere Angaben und
muß damit noch warten. Das Buch von Jungwitz gib lieber zurück! Ich glaube jedoch, daß Du Cotta vom Stand
der Arbeiten verständigen könntest. Am besten würde
das Inge Köck machen, der Du ja sowieso für Ihren Besuch danken wirst. Sie soll mit Dr. Buchmann reden.
Außerdem habe ich 25 Seiten des Hauptkapitels der
Volksliedtypologie geschrieben. Das geht insofern leichter, als ich die Beispiele von Vorlesungen und Vorträgen
her größtenteils auswendig weiß. Leibniz kann ich aber
beim besten Willen nicht auswendig zitieren, besonders
die historischen Stellen nicht. Die philosophischen zitie-
re ich leichter, doch freilich für einen Drucktext nicht genau genug.
Du siehst, daß ich hier vollauf beschäftigt bin und daß die
Auskunft, daß es mir gesundheitlich gut geht, restlos
stimmt. Mit der einzigen kleinen Ausnahme, daß mir ein
oberer Zahn etwas Schmerzen und noch mehr Sorge
macht, da ich fürchte, auch ihn noch opfern zu müssen.
Nebenbei bemerkt, darf ich auch Zeitungen kaufen, lese
eifrig das »Reich« und bin also über die Dinge draußen
schon im Bilde. Bei den Kämpfen im Raum von Orel
müssen die lieben v. Müllers dabei sein. Hoffentlich haben sie Glück!
Nun noch einiges Praktische: Für die herrlichen Eier war

ich Euch natürlich besonders dankbar, verzehre sie jedoch heute als Sonntagsgruß von Euch zweien mit denkbar schlechtem Gewissen. Ihr dürft Euch nicht so berauben! Du und Birgitlein, Ihr braucht beide die Eier noch viel notwendiger als ich. Die Citronen tun mir sehr wohl und dienen nebenbei noch zur Handpflege. Aber das rote Hemd möchte ich bei Gelegenheit wieder zurückgehen lassen. Schickt mir, bitte, nur die älteren Hemden, dazu einige Kragenknöpfe, ein *kleines* Kleiderbürstchen, womöglich die Nagelschere, ohne die ich bekanntlich unglücklich bin, und vielleicht einen kleinen Taschenspiegel und ein paar Papierservietten. [+] Und eben fällt mir noch ein: Wenn Du ein paar Rasierklingen eroberst, gib sie für mich ab! Sie werden dann mir zum Rasieren bereitgestellt. –

Heute habt Ihr noch einen schönen Abend. Hoffentlich ist Paula bei Euch. Grüßt sie und die lieben Hanni, Hedwig, Rosmarie herzlichst. Über Paulas Zeilen habe ich mich so gefreut. Und Du, liebe Birgit, schreibst mir, wenn Du noch zuhause bist, sicher wieder einen so lieben Brief. Strenge Dich, liebste Clara, mit dem Hereinfahren nicht zu sehr an. Du brauchst Deine Kräfte. Haben Euch die Medizinen gut getan? Schreibt mir doch auch darüber, wie man natürlich gerne alles wissen möchte. Und nun Gott befohlen, es umarmt Euch zwei und den herzigen kleinen Ausreißer am Staffelsee in Liebe und Treue Euer Kurt – Vati

Der Mädlerkoffer ist zu groß. Vorerst genügt noch der kleine alte Koffer.

[+] *Seife* geht aus!

München, 8.4.43
Neudeck

Meine geliebte Clara und Birgit!

Die letzten vierzehn Tage wartete ich schmerzlich auf einen Brief von Dir und sehe nun aus Deinen lieben Zeilen vom 2.4.43, daß ein Brief mit Foto von Wolfi mich *nicht* erreicht hat. Nun begreife ich Dein Schweigen. Hab für den letzten lieben Brief innigen Dank! Er tat mir so wohl nach der langen Wartezeit. Ich habe wohl in der Freizeit abends an der Typologie gearbeitet und auch die Erlaubnis erhalten, daß Du zwischen *3–4^h nachmittags* Papier und ein paar Bücher für die Weiterarbeit abgibst. Ich bitte Dich also

1. Um *Konzept*papier Dinformat, womöglich unliniert, möglichst schon zu meinem *Quer*format einmal gebrochen.
2. Um Erik-Böhme, Deutsche Volkslieder Band II Hoffmann-Richter, Schlesische Volkslieder 1844
3. *Meine* beiden Volksliedmappen »Franken-Pfalz« und »Schwaben-Schweiz« (klein Din Querformat)
4. Aus der großen Mappe »Volksliedtypologie« um den maschinengeschriebenen Teil, der die verschiedenen Typen skizziert (Anfang des 2. Kapitels)

Die beiden Mappen Nr. 4 enthalten Liedmaterial und Skizzen, die ich für Kapitel 2 brauche.

Leibniz lasse, bitte, diesmal noch weg, bis ich die erbetenen Bücher wieder zurückgeben kann. Deine Bemerkung über die Verwandtschaft von Portugiesisch, Katalanisch und Rumänisch ist durchaus richtig. Du erinnerst Dich vielleicht noch, daß ich in den Pyrenäen in Gesena und bei den Balearensängern 1934 eine verblüffende

Ähnlichkeit mit alten Gesängen feststellte, die ich auf dem Balkan gehört hatte. Du bist schon ganz zuhause in meiner europäischen Volksliedtypologie!

Was den Anwalt betrifft, möchte ich Dich natürlich am liebsten sprechen. Hoffentlich erhältst Du von Berlin Besuchserlaubnis. Ich weiß mir auch wegen der Finanzierung noch gar keinen Rat. Am liebsten hätte ich mit Richard einmal gesprochen; er wird sich aber wohl kaum in Passau für einen Tag frei machen können.

Auf alle Fälle verkaufe, bitte, ja nichts an Wertsachen! Daß Du Liebste so gar nicht wohl bist, ist mir zu allem anderen eine doppelte Beunruhigung. Sei doch mit der Nervenentzündung vorsichtig! Kannst Du nicht an Ostern mit Birgit nach Uffing gehen? Wie geht es denn der tapferen, neulich viel bewunderten Helferin? Sie muß doch bald schulfrei haben. Hätte ich nur ein *neues* Bild von Euch dreien! Noch etwas: In meiner Brieftasche ist eine *Rechnung* von Perry v. Küster von RM 24,– für einen Osterhasen für Dich. Frage, bitte, danach, wenn Du mir die Sachen bringst. Der Zettel wird Dir sicher ausgehändigt. Ich kann erst am 28. wieder schreiben und umarme Dich, geliebte gute Clara, Birgitlein und Wolfi mit einem innigen Ostergruß.

Dein Kurt

Kannst Du mir ein *Nachthemd* bringen?

Brief Professor Dr. Kurt Huber an
Karl Alexander und Irma von Müller.

München, 18. April 1943
Gefängnis Neudeck

Verehrte, liebe Herr und Frau Präsident!

Ich kann den Weg zum Gerichtshof nicht antreten, ohne
Ihnen, verehrte, liebe Freunde nochmals von ganzem innersten Herzen zu danken für alles, was Sie meiner armen Frau und mir gewesen sind. Ich kann all das Gute
nicht zusammenfassen, was Sie mir getan haben, die
Stunden einer mich immer aufrichtenden Freundschaft
nicht vergessen, die ich mit Ihnen verleben durfte. Und
dennoch hat es ein dunkles Schicksal anders gewollt.
+ Ich weiß, Sie werden mich verurteilen und mein Handeln nicht verstehen. + Sie waren mir ein Halt, an den ich
mich klammerte. Aber es gab für mich eine Grenze des
inneren aufrichtigen Jasagens zu meinem Beruf, vor der
mich auch die Freundesstimme nicht mehr zurückhalten
konnte. Ich brachte es nicht mehr über mich, mein Kolleg mit gutem Gewissen weiterzulesen, ohne einen Versuch zur Rückkehr von dem Linkskurs zu unternehmen,
der sich immer verhängnisvoller auswirkt. Der Schlag
von Stalingrad, den ich überschätzte, ist auch mein
Schicksal geworden. Ich gebe zu, ich war überreizt,
überarbeitet, gebrochen – aber einmal wäre ich doch in
offenen Konflikt mit einer Staatsentwicklung gekommen, die ich aus innerster Überzeugung auch nicht mehr
in passiver Haltung mitmachen kann.
Meine innere Erregung an jenem schönen letzten Freitag
ist Ihnen nicht entgangen; ich wollte Ihnen, verehrter lie-

ber Herr Präsident, alles sagen und mich selbst stellen.
Ich brachte es angesichts Ihrer Sorge um die lieben Söhne
nicht übers Herz und genoß den selten schönen Abend
mit Ihnen beiden. Am andern Morgen war ich verhaftet.
Ich habe in der Haft meine politischen Vorschläge formuliert. Ich gehe für meinen Schritt auch in den Tod.
Aber ehrlos, charakterlos war mein Verhalten nicht.
Von meiner armen Frau habe ich seit zwei Wochen nichts
mehr gehört. Ich darf sie vor der Verhandlung nicht mehr
sehen. Diese Ungewißheit ist das Furchtbarste, was ich
erfahren muß. Ich habe eine herzliche Bitte! Halten Sie,
verehrte liebe Freunde, der Ärmsten ihre gütige Freundschaft. Sie haben sie so oft glücklich gemacht. Sie werden
sie trösten können wie kaum ein anderer in der Welt.
Und so darf ich Ihnen, verehrte liebe Frau Präsident, das
Birgitlein ans Herz legen. Wenn sie wirklich einmal als
Pflichtjahrmädchen Ihnen dienen dürfte – ich würde es
Ihnen noch im Tode nicht genug danken können. Das
zarte, durch so viel Leid gereifte Mägdelein bedarf wie
wenige einer geistigen Atmosphäre, in der sie ihre eigenartige Begabung froh auswirken und entwickeln kann.
Und ich glaube fest, daß sie Ihnen auch Freude machen
und eine begeisterte anhängliche junge Helferin würde.

(Hier bricht der Brief ab).

(Die in der obigen Abschrift mit + + angemerkten Stellen
sind so gefaßt, um die Empfänger zu decken, falls der
Brief entdeckt worden wäre.)

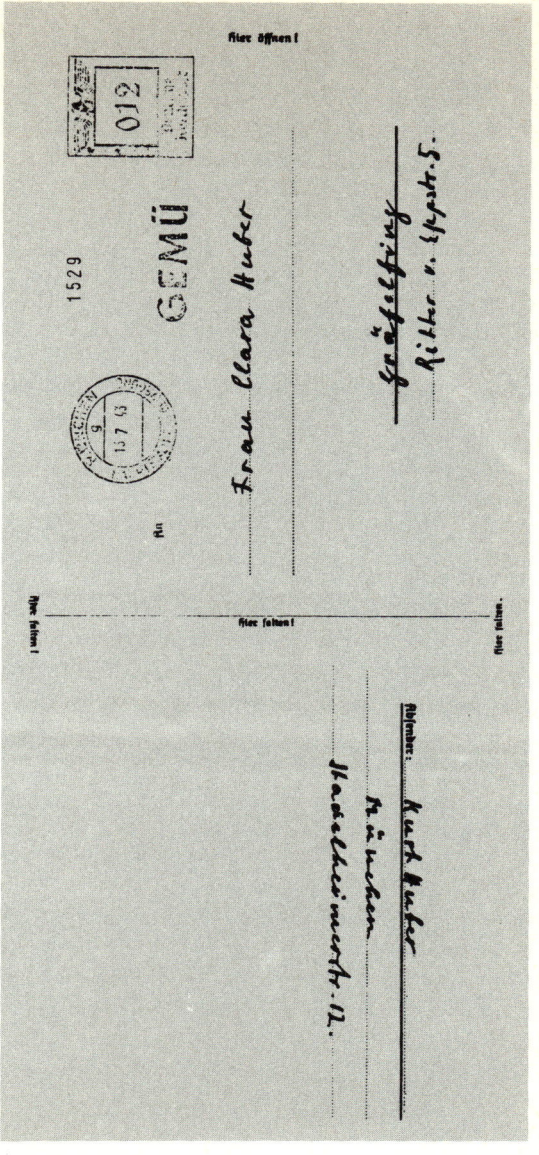

Zur Beachtung!   A 2

Hast Du Justizrat Rhoden erledigt?

Name: **Kurt Huber**   Gef.-B.-Nr. **155**   München, den **10. Juli 1943.**
Stadelheimstraße 12

Geliebte Clara, Birgit und Wolfi! Ihr habt mir wieder so lieb und herzig geschrieben. Wolfi, Du hast mir mächtig viel erzählt von Uffing und dem Garten und Au. Birgitlein, genießest jetzt hoffentlich die Ferien, erhole Dich fleißig, iß' fest, treibe Deine schöne Musik und lies nicht zu viel! Ja und das Fräulein! Hoffentlich treibt Ihr eines auf. Früh übt sich...! Dir, geliebte Clara, noch besonderen Dank für all Deine Liebe und Sorge trotz der vielen Arbeit! Die Besprechung von Lupas lege ich bei; der dicke Wälzer hat immerhin meine Balkan-Kenntnisse vertieft, mit auch volk, R und ... Anregungen gegeben. Falls Du ihn *die Besprechung* Lupas selbst schicken musst, wünsche ich ... u. vergiss' auf der Adresse nicht den "Prorektor" an der Univ. Hermannstadt! Die Besprechung von Knuzvits', Psychobiologie folgt bald. Ich arbeite ja so gerne theoretische Physik, beruhigt mich am meisten. Du fragst wegen der "Lokaltheorie" - ich arbeite gerade auch daran, so weit hier möglich. Freilich bräuchte ich meine Filmaufnahmen der Lokalschwingungen dazu. — Geht doch fleißig in den Wald, wo Birgit jetzt frei lebt! Und morgens 9-10 denkt an mich, da habe ich alle 2 Tage Spazierhof und freue mich darauf wie auf eine Bergwanderung. Wie kommt der Volksliedvortrag, Birgit, oder gar - ein Gedicht? Ich staune. Schreibt mir bald wieder, ich freue mich so über Eure Berichte und lebe ganz mit Euch. Grüsst Paula, und alle Lieben, und schreibe doch einmal an Richard! Ich kann nur 1 Brief schreiben. Stets zwischen Licht- und Stabivierteln schwebend umarme ich Dich, geliebte Clara, wie Euch liebst Kindolein innig
Euer Vater.

10. Juli 1943

Geliebte Clara, Birgit und Wolfi! Ihr habt wieder so lieb und herzig geschrieben. Wolfi, Du hast mir mächtig viel erzählt von Uffing und vom Garten und Du, Birgitlein, genießest jetzt hoffentlich die Ferien, erhole Dich fleißig, iß fest, treibe Deine schöne Musik und lies nicht *zu* viel! Ja und das Geiglein! Hoffentlich treibt Ihr eines auf. Früh übt sich …!

Dir, geliebte Clara, noch besonderen Dank für all Deine Liebe und Sorge trotz der vielen Arbeit! Die Besprechung von Lupaz lege ich bei; der dicke Wälzer hat immerhin meine Balkankenntnisse vertieft, mir auch volkskundlich Anregungen gegeben. Falls Du die Besprechung Lupaz selbst schicken mußt, grüße ihn und vergiß auf der Adresse nicht den »Prorektor« an der Univ. Hermannstadt! Die Besprechung von Jungwitz' »Psychobiologie« folgt bald. Ich arbeite ja so gerne, theoretische Physik beruhigt mich am meisten. Du frägst wegen der »Vokaltheorie« – ich arbeite gerade auch daran, so weit hier möglich. Freilich bräuchte ich meine Filmaufnahmen der Vokalschwingungen dazu. Geht doch fleißig in den Wald, wo Birgit jetzt frei hat! Und morgens 9–10 denkt an mich, da habe ich alle zwei Tage »Spazierhof« und freue mich darauf wie auf eine Bergwanderung. Wann kommt der Volksliedervortrag, Birgit, oder gar – ein Gedicht? Ich staune, schreibt mir bald wieder, ich freue mich so über Eure Berichte und lebe ganz mit Euch. Grüßt Paula, und alle Lieben, und schreibe doch einmal an Richard! Ich kann nur 1 Brief schreiben. Eben zwischen Licht- und Materiewellen schwebend umarmt Dich, geliebte Clara, wie Euch liebste Kinderlein innig Euer »Vadder«.

KURT HUBER

Schluß der Verteidigungsrede vor dem Volksgerichtshof

Ich darf hervorheben, daß die Anklageschrift selbst den Kern meines Eingreifens ganz richtig angibt. In der Villa Schmorell – behauptet sie – habe ich betont, daß die NSDAP sich immer mehr nach links wende. Kein Vaterlandsfreund, der die geistige Bewegung in der Partei so genau und so sorgfältig wie ich im letzten Jahrzehnt verfolgt und beobachtet hat, kann mir im Ernst diese Linksbewegung bestreiten. Ich rufe aber als Zeugen, daß ich diese Linksbewegung längst kommen sah, und mich dauernd mit der Frage einer Rückdämmung dieses Kurses beschäftigte, den Herrn Präsidenten der Bayer. Akademie der Wissenschaften Prof. Dr. K. A. v. Müller an. Ich habe ihm in vertrautem Gespräch meine Bedenken und Beobachtungen in dieser Hinsicht laufend vortragen können. Ich weiß, daß meine Bedenken ein großer Teil alter Nationalsozialisten teilte. Ich halte daher das in der Villa Schmorell Ausgeführte auch heute in vollem Umfang aufrecht.

Ich war mir aber auch darüber klar, daß die Abstoppung dieses Linkskurses das oberste Gebot der Stunde ist. Alle Pressepropaganda gegen den Bolschewismus ist im Grunde unwahrhaftig, solange nicht der wachsenden Bolschewisierung des deutschen Staates und Volkes mit allen zulässigen Mitteln Einhalt getan wird. Es gab für mich nur das Mittel des offenen und öffentlichen Einspruchs, des *Widerspruchs, nicht des Widerstandes.* Als deutscher Staatsbürger, als deutscher Hochschullehrer und als politischer Mensch erachte ich es als Recht nicht nur, sondern als sittliche Pflicht, an der Gestaltung der deutschen Geschicke mitzuarbeiten, offenkundige Schäden aufzudecken und zu bekämpfen. Ich glaube im Namen all der jungen Akademiker, die hier angeklagt sind, zu sprechen, wenn ich behaupte: Die Bekämpfung des *inneren Bolschewismus,* der im nationalsozialistischen Staat von heute immer bedrohlicher sich ausbreitet, war das sittliche Ziel unseres Handelns.

Ich fasse zusammen:

Was ich bezweckte, war die Weckung der studentischen Kreise nicht durch eine Organisation, sondern durch das schlichte Wort, nicht zu irgend einem Akt der Gewalt, sondern zur sittlichen Einsicht in bestehende schwere Schäden des politischen Lebens. Rückkehr zu klaren sittlichen Grundsätzen, zum Rechtsstaat, zu gegenseitigem Vertrauen von Mensch zu Mensch, das ist nicht *illegal,* sondern umgekehrt die *Wiederherstellung der Legalität.* Ich habe mich im Sinne von Kants kategorischem Imperativ gefragt, was geschähe, wenn diese subjektive Maxime meines Handelns ein allgemeines Gesetz würde. Darauf kann es nur *eine* Antwort geben: Dann würde Ordnung, Sicherheit, Vertrauen in unser Staatswesen, in unser politisches Leben zurückkehren. Jeder sittlich Verantwortliche würde mit uns seine Stimme erheben gegen die drohende Herrschaft der bloßen Macht über das Recht, der bloßen Willkür über den Willen des sittlich Guten. Wir würden im einzelnen zu manchen Forderungen zurückkehren, die die Partei noch vor zehn Jahren mit Recht gestellt hat. Sie haben sich im Laufe dieser Jah-

re nicht nur nicht erfüllt, sondern in ihr Gegenteil verkehrt. Die Forderung der freien Selbstbestimmung auch
des kleinsten Volksteils ist in ganz Europa vergewaltigt,
nicht minder die Forderung der Wahrung der rassischen
und völkischen Eigenart. Die grundlegende Forderung
wahrer Volksgemeinschaft ist durch die systematische
Untergrabung des Vertrauens von Mensch zu Mensch
zunichte gemacht. Es gibt kein furchtbareres Urteil über
eine Volksgemeinschaft als das Eingeständnis, das wir
uns alle machen müssen, daß keiner sich vor seinem
Nachbarn, der Vater nicht mehr vor seinen Söhnen, sicher fühlt.
Das war es, was ich wollte, mußte.*
Es gibt für alle äußere Legalität eine letzte Grenze, wo sie
unwahrhaftig und unsittlich wird. Dann nämlich, wenn
sie zum Deckmantel einer Feigheit wird, die sich nicht
getraut, gegen offenkundige Rechtsverletzung aufzutreten. Ein Staat, der jegliche freie Meinungsäußerung
unterbindet und jede, aber auch jede sittlich berechtigte
Kritik, jeden Verbesserungsvorschlag als »Vorbereitung
zum Hochverrat« unter die furchtbarsten Strafen stellt,
bricht ein ungeschriebenes Recht, das im gesunden
Volksempfinden noch immer lebendig war und lebendig
bleiben muß. Mit allen Mitteln der Aufrüttelung einge-

---

* In der Handschrift durchgestrichen:
Innerhalb der Partei war keine Möglichkeit, zum Worte zu
kommen. So mußte ich mich außerhalb, in Widerspruch zur
Partei setzen und offene Kritik üben. Eine Kritik, die gehört
werden soll, muß sich an eine Mehrheit wenden, ich habe diesen
allein offenstehenden Weg des Flugblattes gewählt, und dies aus
einem klaren Grunde:

schlafener Gewissen, der Einsicht in die Verdrehung einer ungeschriebenen, für jeden geltenden Rechtsordnung zu dienen, ist höchste vaterländische Pflicht.

Ich bitte und beschwöre Sie in dieser Stunde, diesen jungen Angeklagten gegenüber im wahren Wortsinn schöpferisch Recht zu sprechen, nicht ein Diktat der Macht, sondern die klare Stimme des Gewissens sprechen zu lassen, die auf die *Gesinnung* schaut, aus der die Tat hervorging. Und diese Gesinnung war wohl die uneigennützigste, idealste, die man sich denken kann! Das Streben nach absoluter Rechtlichkeit, Sauberkeit, Wahrhaftigkeit im Leben des Staates. Für mich selbst aber nehme ich in Anspruch, daß meine Mahnung zur Besinnung auf die allein dauerhaften Fundamente eines Rechtsstaates, zur Rückkehr zum wahren, germanischen Führerstaat das oberste Gebot der Stunde ist, dessen Überhören nur den Untergang des deutschen Geistes und zuletzt des deutschen Volkes nach sich zieht. Ich habe das eine Ziel erreicht, diese Warnung und Mahnung nicht in einem privaten kleinen Diskutierklub, sondern an verantwortlicher, an höchster richterlicher Stelle vorzubringen. Ich habe vergeblich gebeten, sie dem Führer persönlich vortragen zu können. Ich setze für diese Mahnung, für diese beschwörende Bitte *zur Rückkehr* mein Leben ein. Ich fordere die Freiheit für unser deutsches Volk zurück. Wir wollen nicht in Sklavenketten unser kurzes Leben dahinfristen, und wären es goldene Ketten eines materiellen Überflusses.

Ich hinterlasse eine gebrochene Frau und zwei unglückliche Kinder in Not und Trauer. Wollen Sie meiner armen Familie wenigstens einen Lebensunterhalt gewähren, der meiner Stellung als deutscher Hochschullehrer ent-

spricht. Sie haben mir den Rang und die Rechte des Professors und den »summa cum laude« erarbeiteten Dok-
torhut genommen und mich dem niedrigsten Verbrecher
gleichgestellt. Die innere Würde des Hochschullehrers,
des offenen, mutigen Bekenners seiner Welt- und Staats-
anschauung kann mir kein Hochverratsverfahren rauben. Mein Handeln und Wollen wird der eherne Gang
der Geschichte rechtfertigen; darauf vertraue ich felsen-
fest. Ich hoffe zu Gott, daß die geistigen Kräfte, die es
rechtfertigen, rechtzeitig aus meinem eigenen Volke sich
entbinden mögen. Ich habe gehandelt, wie ich aus einer
inneren Stimme heraus handeln mußte. Ich nehme die
Folgen auf mich nach dem schönen Wort Johann Gottlieb Fichtes:

> Und handeln sollst du so, als hinge
> Von dir und deinem Tun allein
> Das Schicksal ab der deutschen Dinge,
> Und die Verantwortung wär dein.

Der Reichsminister   München, den 4. März 1943
für Wissenschaft, Erziehung
und Volksbildung

WP Huber 1a

Es wird gebeten, dieses Geschäftszeichen und den Gegenstand
bei weiteren Schreiben anzugeben.

An

Herrn apl. Professor
Dr. Kurt Huber

München

Gemäß § 61 des Deutschen Beamtengesetzes in Verbindung mit
§ 21 Abs. 2 der Reichs-Habilitations-Ordnung entlasse ich Sie
hiermit aus dem Beamtenverhältnis. Ich weise Sie gleichzeitig
darauf hin, daß Ihnen damit auch die Ihnen am 12.7.1920 verlie-
hene Lehrbefugnis entzogen wird und Sie das Recht zur Führung der Amtsbezeichnung »außerplanmäßiger Professor« verlieren. Ein Übergangsgeld wird Ihnen gemäß § 62 Abs. 3 des
Deutschen Beamtengesetzes nicht gewährt.

I. A.
Heitzer

Ludwig-Maximilians-Universität München
Nr. 1813

Betreff: Entziehung des Doktorgrades;
        hier Kurt Huber, geb. 24.10.93.

Auf Grund des Gesetzes über die Führung akademischer Grade
vom 7.6.1939 (RGBL.I, S. 985) in Verbindung mit der Durch-
führungsverordnung vom 21.7.1939 (RGBL.I, S. 1326) erläßt
der aus dem Rektor und den Dekanen bestehende Ausschuß an
der Universität München in seiner Sitzung vom 8. März 1943
folgenden

Beschluß:

Dem früheren außerplanmäßigen Professor Kurt Huber in
München wird der Grad eines Doktors der Philosophie, den
ihm die Universität München am 26. Juli 1917 verliehen hat, entzogen.

Gründe:

Im Zusammenhang mit den hochverräterischen Umtrieben, die
zu der Verurteilung der früheren Studenten Hans Scholl, Christoph Probst und Sophie Scholl geführt haben, hat sich auch der
frühere außerplanmäßige Professor an der Universität München
Kurt Huber staatsfeindlich betätigt. Durch dieses Verhalten hat
sich Huber als unwürdig erwiesen, weiter eine akademische
Würde zu tragen.

Gegen diesen Beschluß steht Huber innerhalb eines Monats
nach Zustellung dieses Beschlusses die Beschwerde an den
Herrn Reichsminister für Wissenschaft, Erziehung und Volksbildung in Berlin zu. Die Beschwerde hat keine aufschiebende
Wirkung.

Der Rektor:

W. Wüst.

Der Oberreichsanwalt Berlin W 9, der 10. Mai
1943
beim Volksgerichtshof Bellevuestr. 15
Geschäftszeichen: 6 J 24/43 Fernsprecher
21 83 41

An
Frau Clara Huber,
in Gräfelfing bei München
Ritter v. Epp-Straße 5/I.
Anlage: 1 Sprechzettel.
Auf das Gesuch vom 7. Mai 1943 übersende ich den anliegenden
Besuchsschein. Es bestehen keine Bedenken, daß Sie Ihrem
Manne jede Woche schreiben. Die Erlaubnis zur Fortführung
der wissenschaftlichen Arbeiten vermag ich nicht zu erteilen.

Im Auftrage

Abschrift

DER OBERREICHSANWALT   BERLIN W 9, den 14. Mai 1943.
BEIM VOLKSGERICHTSHOF   Bellevuestr. 15
Geschäftszeichen: 6 J 23/43   Fernsprecher:
(Bitte in der Antwort anzugeben)   21 83 41

An die
J. G. Cotta'sche Buchhandlung Nachfolger
zu Händen des Inhabers Herrn Robert Kröner
in Stuttgart S
Cottastraße 13.

Auf das Gesuch vom 4. Mai 1943 teile ich mit, daß ich nicht in der Lage bin, dem Verurteilten Huber die Wiederaufnahme seiner wissenschaftlichen Arbeiten zu gestatten.

Im Auftrage
gez. Weyerberg

Der Dekan
der Philosophischen Fakultät   München,   den   18.   Juni
1943.
der Universität in München
D/d

An
Frau Clara Huber

      Gräfelfing, Ritter von Eppstr. 5/I

Sehr geehrte gnädige Frau!

Auf Grund einer Vorsprache des Herrn Präsidenten K. A. v.
Müller habe ich mich schon vor einiger Zeit einmal in Ihrer
schwierigen Angelegenheit bei den Universitätsbehörden er-
kundigt und Ihnen über Herrn v. Müller Bescheid sagen lassen.
Ihr Schreiben v. 9.6.1943 habe ich dem Herrn Rektor zur
Kenntnis gebracht, da ja das Dekanat von sich aus keinerlei fi-
nanzielle Mittel vergeben kann. Auf Grund der Rücksprache
mit dem Herrn Rektor empfehle ich Ihnen, ein entsprechendes
Gesuch unmittelbar an das Bayer. Staatsministerium für Unterricht und Kultus zu richten.

                Heil Hitler!
                Dekan

Nr. V 33653.
Der Bayer. Staatsminister   München, 16. September
1943.
für Unterricht und Kultus   Salvatorplatz 2
                                          Postanschrift: München 1,
Brieffach
Fernsprecher: 2893 Ortsverkehr
               2 16 41 Fernverkehr

An
Frau Clara Huber
                         Gräfelfing.
Betreff: Gewährung eines Unterhaltsbeitrages.

Zu Ihrem Gesuch vom 30.6.1943 beabsichtige ich, beim Reichs-
erziehungsminister die Gewährung eines laufenden Unterhaltsbeitrages für Sie und Ihre beiden Kinder zu beantragen. Zu diesem Zwecke ersuche ich, die Sterbeurkunde für Ihren Mann
Kurt Huber, die Urkunde über Ihre Verheiratung, die Geburts-
urkunden für Ihre Kinder und ein Familienstandszeugnis umge-
hend hierher vorzulegen.

                         Heil Hitler!
                           I. A.

Kurt Huber

Philosophische Notizen

Fragmente

Ist Gleichgültigkeit den äußeren Geschehnissen gegenüber ein Zeichen von Gefühlsverarmung – oder gar Verrohung? Verlassen des Heims, an dem man hing, – Verlust des Vermögens, Unsicherheit der Berufsaussichten – es läßt mich ziemlich kalt, als hätte ich mit solchen Dingen abgeschlossen. Keine Spur von Heroismus, »über den Dingen stehen« ist dabei keine ethische Ataraxie. Was dann?

Unruhe bereitet gelegentlich das Vokalproblem, aber dem reinen Wissensdrang. Darin bin ich, das weiß ich, rein, frei, unpersönlich. Jede Minute will ich eine Meinung umstoßen, wenn Gründe mich überzeugen.

Das »philosophische Buch« habe ich noch nicht angefangen. Weder ein »System« der Metaphysik noch Prologomena, noch eine transzendentale Methodenerörterung – nichts. Mein »System« freilich ist nicht weniger weit gediehen als die gelehrten Stammeleien vieler Gedruckter. Unwahrheit des sich selbst Bespiegelns, alles zu drucken, was man denkt, oder alles nur so weit zu denken, daß man es drucken kann. Wo bleibt die Kontinuität echter philosophischer Systembildung, wenn jeder sein Systemchen ausheckt und aushängt. Schreibe keine Zeile, bevor du etwas zu sagen hast. Ein »philosophisches Werk« ist eine schwere Verantwortung vor dem göttlichen Geist.   8. August 1924

Einen philosophischen Klassiker lesen, heißt, ein Stück Weltall in seiner individuellen Konkretion erfassen. Ein Philosoph im höchsten Verstand ist ein denkender Weltpunkt, darin sich Entwicklungen und Strömungen eines Unendlichkeitsbereichs zu begrifflich faßbarer Selbständigkeit verdichten.

Schreiben und Denken im Vorlesungsstil
Aus einem Notizbuch

Schreiben und Denken im Vorlesungsstil machen nicht frei von dem eigenen Drang, der manchmal in mir stärker auftaucht: Das Innere selbst in seinen geistigen Verknüpfungen an die Oberfläche treten zu lassen. Die wissenschaftliche Formulierung ist oft Lüge, nur die künstlerische könnte unter Symbolen, im Flug der Fantasie Wahrheit geben.

Während ich meine Musikästhetik schreibe, kämpfe ich mit dem Ungehalt der Worte. Ich will objektiv schreiben, darstellen und kann das subjektive, persönliche Erleben nicht fassen. Wie weit ist doch die Welt im Kunstwerk, in der simpelsten Melodie, wie eng in der subtilsten Analyse. Man wäscht Goldsand und läßt das Gold durch das Sieb der Begriffe rinnen. Was bleibt, ist Sand. Das echte Kunstwerk ist unerschöpflich wie das Leben selbst. Wem es gelingt, diese Unerschöpflichkeit in aller Stärke fühlbar zu machen, sei es auf welchem Wege er wolle, der leistet für die Welterkenntnis mehr als der subtil analysierende Theoretiker. Wo ich Kunst und Leben suche, habe ich beides immer komplizierter gefunden als vermutet. Reicher, nicht schöner.   26. Dezember 1921

Am Schreibtisch in Gräfelfing

Am Schreibtisch in Gräfelfing

Vom philosophischen Stil

Es gibt Menschen, die so schlecht schreiben, daß sie nur Bücher schreiben können. Sie waren nie Philosophen. Kürze ist ein Ergebnis strenger Selbsterziehung. Man muß erst begreifen lernen, daß es über das Denken hinaus nur noch Schwatzen gibt. Ein Philosoph müßte seinem Wesen entsprechend sich kurz und schlagend auszudrücken vermögen, soferne er nämlich ein Denker sein soll. Die besten Stellen klassischer Denker sind Musterbeispiele unnachgiebiger Gedankenkonzentration: Leibniz drängt eines der verwickeltsten Systeme auf wenige Seiten zusammen. Descartes erörtert ewige Problemstellungen in ein paar Meditationen. Das Kernstück der »Kritik der reinen Vernunft«, die transzendentale Deduktion der reinen Verstandesbegriffe, meißelt Satz um Satz. –

Philosophische Kürze ist eine moralische Verpflichtung. Große Denker haben sie instinktiv gefühlt. Der Lapidarschritt großer philosophischer Eingebungen verträgt kein Hängen und Hinken.

Kürze ist nicht Kurzatmigkeit. Es gibt Schriftsteller, die jeden Satz so überprägen, daß sie kein zusammenhängendes Ganzes zuwege bringen. Es sind nicht die schlechtesten, vielmehr gerade Meister der sprachlichen Form. Der späte Nietzsche krankt an solcher Überformung. Seine Werke sind auch äußerlich – bestenfalls »Kollektaneen« geistreicher Einzelsätze. – Sie sind darum freilich mehr als System, Prophetien eines philosophischen Sehers.

Der Sinn philosophischer Gedankenführung ist hingegen Begründung, Verbindung, Durchwebung zum System.

Der Gedankensplitterphilosoph ist mehr Künstler als Philosoph. Er opfert dem Glanz des Einzelgedankens die Idee der durchgängigen Verknüpfung.

Umgekehrt führt das Streben nach durchgängiger Verknüpfung manchen großen Denker auf Irrwege und Umwege. Aristoteles' Beweise sind keineswegs immer die im Sinne des Systems kürzesten und bündigsten. Kant und Hegel verstricken sich in selbstgeschaffene Schematismen. Platos Dichotomien, Kants Trichotomien, Hegels dialektische Antinomien lähmen oft genug den natürlichen Gedankenfluß; ja sie stellen zuweilen Probleme, die keine sind, und sind im Letzten die Quelle ermüdender Wiederholungen und Weitschweifigkeiten.

Die menschliche Vernunft, nach Kant »dermaßen baulustig«, ist auch dermaßen baumeisterlich, daß sie immer wieder nach einem geregelten Bauplan das Universum zu begreifen und im »Umgreifen« in Fesseln zu schlagen unternimmt. Und immer wieder durchbricht das philosophische Genie die selbstgelegten Fesseln: So bei Aristoteles und Plato, bei Thomas, Kant und Fichte, bei Hegel und Lotze.

Ein Lehrer vertieften Denkens

Wer sich aus natürlichem Interesse einem philosophischen Studium widmet und über die Möglichkeit verfügt, verschiedene Lehrer der Philosophie zu hören, dem wird die Art einer vertieften analytischen Auseinandersetzung der philosophischen Probleme dann überraschend interessant, wenn er einen Lehrer trifft, der dem jungen Studenten die Möglichkeit gibt, selbst philosophierend Philosophie zu treiben.

Solch ein Lehrer begegnete mir in Kurt Huber, als ich 1935 zum erstenmal seine philosophischen Vorlesungen hörte.

Schon nach wenigen Stunden konnte man seine Denkweise und die tieferen Ziele seines Wesens erkennen: Er war ein kritischer Denker, dessen Wesen eine strenge Logik zugrunde lag. Man hatte in seinen Vorlesungen den Eindruck, es handle sich nicht um eine Darstellung der Philosophie und des Logischen in ihr, sondern um deren Erzeugung auf originelle Weise. Dieser Eindruck haftete indes nicht nur jenem Problembereich an, der seine Vorlesungen und Übungen im Wesentlichen erfüllte und sich innerhalb der logischen und erkenntnistheoretischen Problematik bewegte, er charakterisierte auch seine philosophiegeschichtlichen Darstellungen, die stets als Darstellung der Probleme, mehr noch, als eine kritische Betrachtung ihrer historischen Entwicklung und eine

schöpferische Schau ihrer zukünftigen Möglichkeiten geboten wurden. Sie gipfeln in den Leibniz-Vorlesungen,
die bestätigen, daß Kurt Huber wirklich ein origineller
Denker unserer Zeit war.

Die Natur des Denkers Kurt Huber bestimmte nicht nur
den Inhalt, sondern auch die Methode seiner Vorlesungen und seines Unterrichtes. Die deutschen Studenten
kommen aus der Mittelschule in die Universität bekanntlich ohne jede Vorbereitung für die philosophischen Dis-
ziplinen. Sie erwarten vom philosophischen Studium
günstigstenfalls eine Auseinandersetzung von Tatsachen,
ein Kennenlernen philosophischer Systeme, viel weniger
aber eine Vertiefung in die Probleme selbst. Kurt Huber
empfand diesen Mangel des Mittelschullehrplans als ein
Verbrechen gegen die denkerische Entwicklung der
deutschen Jugend und machte daraus kein Hehl. Er sagte
den Studenten offen, daß er es in ihnen leider mit voll-
kommenen Ignoranten gegenüber philosophischen Be-
griffen zu tun habe und betrachtete es als seine erste Aufgabe, die Tatsachen der historischen Philosophie und ihre Grundbegriffe nicht nur zu nennen oder etwa in schul-
mäßigem Sinn zu erklären, sondern aus einfachsten Bei-
spielen des Denkerischen im Menschen zu erzeugen und
dadurch die Studenten zunächst zu einem elementaren
philosophischen Denken zu bewegen.

Huber stellte z. B. die Frage: Was ist ein Kreis? – Wenn
die Antwort lautete: »Der geometrische Ort aller in einer
Ebene liegenden Punkte, die von einem Punkt dieser
Ebene gleiche Entfernung haben«, so fragte er weiter:
Wie wollen wir bestimmen, daß die Punkte, von denen
die Rede ist, in einer Ebene liegen und vor allem: was
heißt »Ebene«? Weiterhin, was heißt »gleiche Entfer-

nung«? – Die Schüler bemühen sich, die fraglichen Begriffe zu definieren und sagen etwa: »Eine Ebene ist eine
absolut flache geometrische Fläche.« – Aber was heißt
»Fläche«, was heißt überhaupt »Flachheit«? – Erfolgte
darauf die Antwort: »Eine absolute Fläche ist die geometrische Form, in der eine Gerade sich bewegen kann, ohne daß irgend einer ihrer Punkte diese Form verläßt«, so
fragte Huber weiter: Was heißt »gerade Linie« und vor
allem, um auf den Kreis zurückzukommen, was heißt
»gleiche Entfernung«? – So setzte er seine Fragen fort,
sobald in einer Aussage neue Worte und Begriffe auf-
tauchten, so daß die Schüler entweder immer neue Worte
und Begriffe einführen mußten oder dort anlangten, wo
ihre Definitionsversuche sich im Zirkel bewegten. Die
einzige Lösung dieser Bemühungen, auf welche er immer
hingewiesen hat, war, daß es eine Anzahl von letzten,
undefinierbaren Grundbegriffen gibt, die man unmittelbar durch äußere oder innere Anschauung erfaßt und die
allem definierenden Denken zugrunde liegen. Es sei Aufgabe der grundlegenden Philosophie, diese letzten Ge-
dankendinge zu klären und überhaupt alle definitionsbe-
dürftigen Denkelemente der Wissenschaft auf diese letzten Begriffe des Denkens zurückzuführen.
Dadurch wurde der Studierende zugleich aufgeschlossen
für den wesensmäßigen Zusammenhang zwischen Denken und Sprache und zu größter Zucht des Ausdrucks gezwungen. In Hubers Seminar gab es keine oberflächli-
chen Gespräche. Jeder Teilnehmer wußte, daß jedes
Wort wog. Es hatten auch nur die Begabtesten unter seinen Schülern den Mut, bei Huber eine Dissertation zu
schreiben, denn selbst wenn die Gesamtkonzeption und
die Gründlichkeit ihrer Durchführung von ihm aner-

kannt waren, vergingen noch viele Stunden und Nachmittage, in denen er mit seinen Doktoranden um die letzte logische Klarheit des Ausdruckes rang. Dieses hohe
Verantwortungsbewußtsein in der sprachlichen Gestaltung des Gedankenausdrucks mag auch die Ursache gewesen sein, daß Professor Huber selbst kein Vielschrei-
ber war, wie er auch bei seinen Schülern nur die knappe
konzentrierte Form duldete. Seine persönliche Sprache
erreichte den vorstellbar höchsten Grad von Reinheit
und logischer Kraft. Sie bewegte sich als Lehrsprache
jedoch nicht nur im Bereich elementarer Begriffe – und
wenn sie es tat, dann geschah es nie so, wie man sich etwa
eine trockene Vorlesung über Logik vorzustellen pflegt,
– sie erreichte in seinen Vorlesungen zur Geschichte der
Philosophie einen mitreißenden Schwung, ohne auch nur
um Haarbreite ihre Angemessenheit und innere Wahrhaftigkeit gegenüber dem Objekt zu verlieren. Er hat
nicht in eleganten Sätzen den Studenten Probleme »vor-
gelöst« oder durch faszinierenden Ausdruck gefühlsmä-
ßige Einsichten geschaffen, durch welche die Ungelöst-
heit der Probleme übersehen wurde, er hat vielmehr jede
Frage so weit und so gewissenhaft auseinandergesetzt,
bis der Studierende dort angelangt war, wo er die Unge-
löstheit eines Problems erkannte und über die offen ge-
bliebene Frage selbst nachzudenken begann und zwar in
der individuellen Art seines eigenen Denkens.
So sprach Huber beispielsweise im Anschluß an Leibniz
über die Universalsprache der Wissenschaft und zeigte
den Weg, wie diese durch Festlegung elementarer Begriffe so eindeutig wie die Zahlen und andere Elemente der
Mathematik ausgearbeitet werden sollte. Er führte als
Beispiel die Chemie an, welcher nach der Voraussage

Leibniz' gelungen war, eine elementare Sprache zu erzeugen, und baute diese Sprache weiter aus durch Übertragung auf die anderen Wissenschaften. Das ganze System dieser Sprachen schilderte er so anschaulich, daß man wirklich in Begeisterung versetzt wurde, sich die Welt der Wissenschaft einmal in dieser neuen Form vorzustellen. Seine Hörer reagierten darauf verschieden gemäß der ihnen eigenen Denkweise. Die einen waren von der großen Idee der Universalsprache der Wissenschaft fasziniert und erfüllt mit Gefühlen eines romantischen Traumes, in welchem sie die Zukunft der Wissenschaft vorausahnen wollten, andere aber sahen die großen Schwierigkeiten und die ungeheuere analytische Arbeit, welche die Wissenschaft leisten muß, um diesen Traum einmal zu verwirklichen. Ob sie dazu imstande wäre, ob er selbst von der Möglichkeit der Schaffung einer solchen Universalsprache überzeugt sei, darüber sprach Professor Huber nicht. Er zeigte die Grundgedanken und Elemente des großen Leibnizplanes und ließ die Studenten, je nach ihrer Art, in streng logischem Denken oder in Begeisterung über die große Zukunft der Wissenschaft sich selbst in die Probleme vertiefen.

Professor Huber ging aber noch weiter. Er führte seine Hörer nicht nur bis zur Erkenntnis der Unlösbarkeit mancher Probleme, er ließ sie erleben, daß gerade die Ursachen der Unlösbarkeit als neue Erkenntnisse erfaßt werden können. Dazu bediente er sich gerne des Beispiels Kants von der Kongruenz der Hände. Auf Hubers Frage: Können Sie Ihre Hände so aufeinanderlegen, daß sie sich in völliger Entsprechung decken? setzte ein verwundertes Versuchen ein, bis es einer nach dem anderen aufgab, weil ihm die Erkenntnis aufstieg, daß es kongru-

ente Formen gibt, die durch ihre räumliche Gegebenheit
als völlig voneinander verschieden betrachtet werden
müssen. Man kam nach allen diesen Versuchen auf den
Gedanken, daß es sich dabei nicht um idealgeometrische
Formen handelt, sondern um körperlich gestaltete, deren
Elemente sich auch qualitativ unterscheiden.

Einem Lehrer und Meister vertieften Denkens wie Professor Huber lag jede Form wissenschaftlichen Kompro-
misses, der auf Kosten der Wahrheit ging, vollkommen
fern. Wie es ausgeschlossen war, daß er auch nur im ge-
ringsten eine Überbrückung ungelöster Probleme durch
Scheinlösungen zuließ, so erkannte er anderseits alle
Fortschritte in der historischen Philosophie an, von welcher Seite sie auch immer kamen. War es damals üblich,
Denker wie Spinoza, Husserl u. a. entweder totzu-
schweigen oder negativ zu beurteilen oder ihre Urheber-
schaft an dem ihnen zugeschriebenen Gedankengut zu
bezweifeln, so ließ ihnen Professor Huber stets, die Gefahr, der er sich dabei aussetzte, bewußt mißachtend, die
Gerechtigkeit und Verehrung zuteil werden, die ihnen
gebührt. Manchmal fügte er lächelnd hinzu, wenn er ihre
Werke zitierte, »er ist Jude, Vorsicht, daß man sich nicht
vergiftet!« Als sich für solche Schriften ein Ausländer
unter seinen Hörern interessierte und in der Seminarbü-
cherei noch einige entdeckte, die der »Säuberung« entgangen waren, sagte Huber lachend: »Nehmen Sie sie ruhig mit! Das ist Rettung des deutschen Geistes vor jüdi-
scher Vergiftung!«

Der Umgang Professor Hubers mit seinen Schülern war
nie eine amtliche Angelegenheit. Man ging nicht zur be-
kanntgegebenen Sprechstundenzeit in ein Professoren-
zimmer mit dem Gefühl »Fasse dich kurz«, weil vor der

Türe eine Reihe anderer wartete. Professor Huber emp-
fing seine Schüler in seiner Wohnung. Der Kontakt mit
ihnen war ihm eine Freude. Er erwartete sie als seine Gäste zur vereinbarten Zeit, gespannt auf die neuen Vorschläge und Gedanken, die sie ihm mit ihren Dissertatio-
nen oder anderen Versuchen brachten. Er war stets darauf bedacht, ihnen einen schön gedeckten Tisch zu bieten, auch wenn seine wirtschaftliche Lage es kaum er-
laubte. Daher nahm ein solcher Besuch bei ihm nie den
Verlauf einer strengen Beziehung zwischen Schüler und
Lehrer, sondern ging in der Atmosphäre einer freien
freundlichen Unterhaltung vor sich, begann etwa mit
Gesprächen über allgemeine kulturelle oder politische
Probleme, mit dem Austausch von Eindrücken über gehörte Vorträge oder Konzerte. Dabei äußerte Huber
nicht nur Interesse, sondern auch seine Neigungen, und
seine Gespräche waren wie vollkommen durchdachte
Vorträge wissenschaftlicher oder künstlerischer Art. So
hatte man auch nie das Gefühl zu stören, weil es nie zu
einem zeitvergeudenden Reden kam, weil Professor Huber vielmehr durch jedes Gespräch, wenn es auch von
Alltäglichem seinen Ausgang nahm, zu höchster geistiger
Intensität veranlaßt wurde.
Erst in einer solchen freundschaftlichen Atmosphäre
wurde das spezielle Thema angeschnitten und gerade in
diesen Privatgesprächen erreichte Professor Huber seine
höchsten Leistungen als Lehrer vertieften Denkens. Hier
konnte er, besser als im Hörsaal, den Einzelnen bis zur
letzten Erforschung seiner Einfälle und Gedankenkon-
zeptionen zwingen. Wer oberflächliche Definitionen gab
oder von der Endgültigkeit seiner gedanklichen Darstellungen überzeugt war, den ließ Professor Huber in sol-

chen Besprechungen nicht zur Ruhe kommen. Vermeinte der Schüler dann, ermutigt durch die Zustimmung des Lehrers, schnell und gemäß der gewünschten strengen Logik seine Gedanken weiter dargestellt zu haben, so rief meistens Professor Huber aufs lebhafteste angeregt dazwischen: »Halt! Schon wieder ein neuer Begriff. Was verstehen Sie unter …?« Und dann mußte wieder ganz vorsichtig dieser neue Begriff auseinandergesetzt werden.

Trotzdem wurde er nicht müde von der Vielgestaltigkeit der Anregungen, die ihm von Schülern geboten wurden, die bei ihm ein- und ausgingen. Er mußte oft von Problemen der mathematischen Grundlagenforschung auf solche der Musikästhetik, Vokalforschung, Tonpsychologie oder etwa zu den Problemen einer Untersuchung über die Philosophie der Scholastik springen. Was sich grundsätzlich als Substanz seines Denkens in allen diesen Fällen zeigte, war seine streng analytische Vertiefung in die behandelten Probleme und das Gefühl für die Notwendigkeit einer absoluten logischen Klarheit. Die Prozesse, welche die behandelten Grundbegriffe und Prinzipien dem Anfänger, dem Schüler klar machten, brachten für ihn selbstverständlich eine viel größere Klarheit, eine Reife seines Gedankens, und es war nicht übertrieben, wenn er den Dank, den Schüler ihm beim Verabschieden aussprachen, mit den Worten erwiderte: »Das weiß ich nicht, ob Sie von mir gelernt haben oder ich von Ihnen.«

Wie die Wahrhaftigkeit für ihn nicht nur innerhalb der Wissenschaft galt, so gab es bei ihm auch keine Lebensformen, die nicht tief durchdacht gewesen wären. Seine Höflichkeit, so groß sie auch war, war nie Konvention. Für Schmeichelei war er absolut unzugänglich. Seine

Wertsicherheit war klar, vernünftig und unbeirrbar. Damit reicht der Einfluß seiner Erziehung im Denken über das abstrakt Denkerische hinaus und gewinnt auch praktische Bedeutung in den verschiedensten Situationen. Selbständigkeit des Urteils, Objektivität, Wertungsvermögen, Wille zur Wahrhaftigkeit und Gerechtigkeit, Verantwortungsbewußtsein, das sind die Früchte der Charakterbildung, wie sie aus der Erziehung, die dieser Lehrer vertieften Denkens jungen Menschen in ihrer geistigen Entwicklung angedeihen ließ, gleichzeitig heranreiften. In diesem Sinne mag man in Kurt Hubers Persönlichkeit auch mit Recht den geistigen Urheber des Münchener Studentenaufstandes erblicken.

KURT HUBER

Leibniz, der Deutsche und Europäer

Wir sind hellhöriger geworden für das große Thema »Deutschland-Europa«, das ein Grundthema unserer Geschichte ist, für die Auseinandersetzung jedes einzelnen unter uns mit dem engeren und weiteren Lebensraum, darein er schicksalhaft gestellt ist. Den Älteren unter uns, die vor etwa vierzig Jahren die Tageszeitung, die politische Publizistik um dieses Thema angingen, trat Mutter Europa im wesentlichen als einfache mechanische Maschine entgegen: als eine große Waage, an deren Armen die großen und kleinen Staatenverbände zappelten und »europäisches Gleichgewicht« spielten. So arm, so entleert, so quantitiert war dieser politischen Denkart der alte Kulturbegriff Europa geworden. Man hatte noch, dem neureichen Amerika gegenüber, den Stolz alter Kulturtradition – doch ein tieferes Ideal »Europa« wird man in der Publizistik der Vorkriegszeit wohl vergebens suchen.

Das alte »Heilige Römische Reich teutscher Nation« war ein solches religiöses, christlich-germanisches Ideal, das dem mittelalterlichen deutschen Menschen sein Gepräge gab. Man mag sich heute dazu stellen, wie man will: Dieses Europa war eine innere Einheit, solange die religiösen und politischen Voraussetzungen dafür gegeben waren. Durch die Reformation in seinen Grundvesten mit geschichtlicher Notwendigkeit erschüttert, ward es seit dem Westfälischen Frieden von 1648 endgültig in seiner Totalität gesprengt. Ein neues Europa mit neuer Sinnfüllung zieht herauf; in seine Geburtsstunde fällt die Geburt – 1646 – des Denkers, der einem solchen neuen Europa und neu erstarkenden Deutschland eine Geistesarbeit von einem Umfang und einer Breite und Tiefe gewidmet hat wie kein zweiter Deutscher seiner Zeit – ein tragischer Kämpfer für ein neues Deutschland, ein neues Europa. Ihm ist es in einziger Person gelungen, das Gesicht des deutschen Geisteslebens mit einem Schlage zu ändern. Seit Leibniz stellt sich deutsches Geistesleben wieder in einer in keinem anderen Lande erreichten Universalität in den Mittelpunkt europäischer Geistesbildung; das »autarke Land der europäischen Mitte«, von dem Leibniz nicht müde wird zu sprechen, stellt sich führend an die Spitze der geistigen Entwicklung. Hat der Denker auch am politischen Gesicht Deutschlands etwas ändern können? War es ihm vergönnt, irgendwo entscheidend sein Deutschland aus der Ohnmacht eines zermürbten, zerfallenen Volksgebildes, eines Trümmerhaufens herauszuführen? Das zu erreichen war der große Traum, der persönliche Ehrgeiz seines Lebens. Er wollte einen persönlichen, führenden Einfluß auf die Gestaltung von Deutschlands politischen Geschicken gewinnen.

Er war ein Denker, wie man sich sonst gerade deutsche Philosophen nicht vorzustellen pflegt – ein durchaus politischer Mensch. Politik schien die Seele seines Wesens. Der jugendliche Autodidakt, der in der reichen Bibliothek des frühverstorbenen Vaters in ganz eigenartigem, genialem Einlesen in die alten Denker und Dichter etwas von der Färbung, der Tinktur des antiken Menschen lebendig angenommen hatte, fühlte sich in erster Linie als zoon politikon, als Mensch der Gemeinschaft. Sein ethisches Ideal ist die Gemeinschaft, nicht die stolze, selbstgewählte heroische Einsamkeit eines Descartes oder die gemimte eines Spinoza. Dies Ideal ist durchdrungen von dem tief christlichen einer johanneisch gefaßten Gottesliebe, die den Nächsten und von ihm aus die Welt durchstrahlt. Der Sieg der richtig verstandenen, der durch Vernunft geklärten Menschenliebe, das ist der innere Kern seiner großartigen Europavision: ein Gottesstaat auf Erden – doch in der religiösen Freiheit des einzelnen Christenmenschen, die durch die Reformation erkämpft worden war. Gerechtigkeit, die durch Vernunft geleitete Liebe, war für ihn die Grundlage des Rechts- und Staatslebens. Es war der Grundbegriff seines Naturrechts, auf den alles positive Recht, auf den jedes wirkliche Leben der Gemeinschaft im Staate sich zurückführen lassen mußte. Die letzte, die höchste Sicherung des Rechtslebens sah er im Gottesbegriff selbst, nicht so als ob Gottes Willkür bestimmte, was rechtens sei, sondern die Rechtsordnung war ihm der Ausfluß des unendlichen göttlichen Wesens, das Liebe und nur immer wieder Liebe ist.

Das Naturrecht war ihm das Recht der klaren Vernunft, der Idealstaat der Staat der höchsterreichbaren menschlichen Vernunft, das vernünftige Handeln die ideale Sittlichkeit – insoferne gehört Leibniz ganz der großen Strömung des europäischen Rationalismus an. Doch im Kern seines ganz eigenartigen Rationalismus, in den tiefen Schächten der Kräfte, die die Welt aus einem höheren Geschehen zusammenhalten, lebt und wirkt für ihn das tief irrationale Wesen der Liebe. Jenes »Ich weiß nicht was«, das mich zum anderen zieht, jenes uninteressierte Gefallen an der Natur ist für uns nichts anderes denn eine

Erhöhung unserer eigenen Vollkommenheit, unseres wahren Wesens, die wir lebendig fühlen, im letzten nicht zu erklären vermögen. Die Liebe ist der Ausdruck der harmonischen Zusammenstimmung mit dem Nächsten in einem Weltplan, der *Harmonie des Universums.*

Diese großartige, in der deutschen Aufklärung bis zur Unkenntlichkeit verflachte Gedankenkette hat der knapp Fünfundzwanzigjährige um 1670 in Mainz gedacht. Sie ist der Ausgangspunkt seiner praktischen Philosophie und so auch die immer spürbare Grundlage seines politischen Mühens. Sie entstammt einer religiösen Weltstimmung, die ihre Wurzeln in die deutsche Liebesmystik senkt. Aus der Mystik wollte ein Leibniz die Kraft neuer politischer Ideale gewinnen, indem er deren Gedanken weitgehend säkularisiert. Ein genialer Jurist, hat er schon in seiner Studienzeit über die methodischen und philosophischen Grundlagen seiner Wissenschaft tief nachgedacht, sie in eine umfassende logische Wissenschaftslehre eingebaut, die uns hier nicht beschäftigen kann.

Der Idee des Gottesstaates auf Erden steht bei Leibniz der Begriff des tatsächlichen Staates gegenüber. Und hier hat er schon früh den vielleicht modernsten Staatsbegriff des 17. Jahrhunderts gefunden. Er wendet sich mit Schärfe gegen den naturalistischen Absolutismus eines Machiavelli und seines großen Theoretikers, des von Leibniz offen bewunderten Hobbes, gegen die Vereinigung des Staatsbegriffs in der Macht des Herrschers, gegen die Ableitung des Rechts aus der Staatsmacht: Sein Staat ist eine *durch einen Raum* zusammengeschlossene Vereinigung von Menschen – das ist das Neue; eine geschlossene Körperschaft *einer* Person mit einheitlichem

Willen, von Herrschenden und Beherrschten. Der Herr-
scher aber – gleich welcher Staatsform – ist *der erste Die-
ner seines Staates.*

Dies die tiefdringende Lehre Leibnizens vom tatsächlichen Staat als einer menschlichen Schöpfung. Er ist ein
Bild, eine endliche Verwirklichung des Gottesstaates auf
Erden, aber immer endlich, menschlich, in das große Geschehen der Geschichte eingefügt, mit ihm sich wandelnd und entwickelnd. Er muß immer neu geschaffen,
gleichsam als Ziel aller Politik erworben, erkämpft werden.

Man muß diese tragenden Gedanken Leibnizscher praktischer Rechts- und Staatsphilosophie verstehen, um
Leibnizens politisches Schaffen zu würdigen. Nichts fal-
scher als die heute mit Nachdruck wieder erhobene Be-
hauptung, der Politiker und der Philosoph in Leibniz sei-
en getrennte Welten. Der jugendliche Jurist, der mitten
in einer scheinbar alltäglich gediegenen, aber stürmisch
erfolgreichen akademischen Laufbahn plötzlich in der
geheimen Sekte der Rosenkreuzer in Nürnberg ver-
schwindet, um 1667 – ein Einundzwanzigjähriger – am
Mainzer Kurfürstenhof des bedeutenden Johann Friedrich von Schönborn als Sekretär und Freund seines ge-
stürzten Ministers von Boineburg aufzutauchen, ist keine »akademische Persönlichkeit«, für die Wissenschaft
abgetrennt vom Leben irgend etwas bedeutete. Der Nut-
zen für das praktische Leben ist der einzige Maßstab für
die Echtheit und Berechtigung einer Philosophie und
Wissenschaft.

Unter der bestimmenden Einwirkung des merkwürdigen
Boineburg, im Gesichtskreis der kurmainzischen Politik
Schönborns hat sich der junge Leibniz zum Politiker ge-

bildet. Er hat den mitteldeutschen Aspekt dieser Politik nie verleugnen oder überwinden können. In den Arbeiten dieser Jahre kommt die ganze jugendliche Kraft einer tiefen Deutschlandliebe inmitten all der verschlungenen politischen Kombinationen, die er gehen muß, prächtig zum Durchbruch.

Für das Deutschtum eines Mannes wie Leibniz braucht man nicht nach Voraussetzungen zu suchen. Es ist gefühlsmäßig, blutsmäßig bestimmt, unreflektiert, ungekünstelt, ehrlich. Zum Europäer hingegen werden wir nicht »geboren«. Europa ist in jeder Periode deutscher Geschichte eine schöpferische Idee oder ein leeres Loch. Leibnizens Deutschtum tritt eine neue, religiös-kulturelle Europaidee gegenüber, deren Verwirklichung ein treibendes Ziel seiner Politik ist. Und beides erprobt sich an dem realen Machtgefüge, an der politischen Konstellation, in die er eingreifen möchte. Wenn Leibniz von »unserem Europa« spricht, so hat es doppelte Wurzeln: eine religiös-christliche und eine modern kulturelle. Das »Heilige Römische Reich Deutscher Nation« bildet für die christliche Auffassung den Übergang.

Es ist deutsch, aber es hat außerdeutsche Ansprüche: das oberste und umfassendste Staatsgebilde, der Führer der ganzen, zu einer geistigen Einheit verschmolzenen Christenheit zu sein. Das Europa dieser Fassung ist das christliche Europa, das eine geschlossene Kultur darstellt und sich gegenüber der ungläubigen Welt, dem Islam und der heidnischen Welt absetzt. Diese Welt muß in ihrer Reinheit erhalten, sie muß ins Herz Asiens und der fremden Länder getragen werden.

Was deutsches Wesen sei, ist dem jugendlichen Denker nicht auf der Hochschule, sondern in der alten Reichs-

stadt Nürnberg im Kreise der Frommen des Rosenkreu-
zerbundes aufgegangen. Wo immer er in seinem politischen Schrifttum die verworrenen, verwilderten Zustän-
de des Deutschland nach dem Dreißigjährigen Kriege
geißelt, den Zerfall der Sitte, der zünftisch-bürgerlichen
Ordnung, die Verwilderung der Jugend, die Französelei
in Adel und Bürgertum, die geistig und wirtschaftlich
schädigenden Auslandsreisen, da verweist er auf das
noch altdeutsch-gesunde Leben der alten Reichsstadt als
leuchtendes Vorbild. Inmitten einer teilweisen franzö-
sisch orientierten Landespolitik, in Mainz, in den ersten
Jahren in Hannover, hat er das Ideal deutschen Wesens,
deutscher Bildung, deutscher Gesittung und Sprache
hochgehalten. Er ist einer der ersten, der – am schönsten
in den »Unvorgreifflichen Gedanken zur Beförderung
der teutschen Sprache« von 1696 – wieder die Rückkehr
zur deutschen Sprache als Sprache des öffentlichen Lebens, der Rechtsprechung, der Wissenschaft, der Bildung gefordert hat. Er fordert Deutsch als Hauptsprache
in den Schulen, deutsche Erziehungsinstitute, die dem
national verderblichen Auslandsstudium der besten
deutschen Jugend den Riegel vorschieben, Vertiefung in
die deutsche Geschichte an Stelle eines humanistischen
Fremdlebens in der Welt der Antike, Hervorhebung der
Realien, der Mathematik, Physik, Chemie im Lehrstoff
unter Führung des Deutschunterrichts. Daneben aber
steht das Ideal einer gemeinsamen, alle verbindenden europäischen Kultur, einer Gelehrtenrepublik, die untereinander lateinisch verkehrt, einer europäischen Bil-
dungsschicht, die wohl oder übel sich des Französischen
bedient. Der junge Leibniz ist geblendet vom Glanz der
neuen Akademien, die sich in Paris und London um 1660

unter dem bestimmenden Einfluß des Baconschen Wissenschaftsideals gebildet haben. Er fordert in einer Reihe von Entwürfen die Gründung einer Deutschen Akademie, die in ähnlich nationalem Sinn das ganze wissenschaftliche Leben zusammenfaßt, zentralisiert. Aber neben diesen Entwürfen stehen andere, deutlich religiös gerichtete Frühentwürfe zu einer »Gesellschaft der Gottesfreunde«, einer säkularisierten Ordensgemeinschaft europäischer Wissenschaft, die am besten im freien Holland ihren Sitz aufschlägt, sich aus Stiftungen erhält und für die der Kaiser, der Papst, der König von Frankreich die Garantien übernehmen. Schon hier, in den Kulturbelangen, wird die Spannung zwischen dem Deutschen und dem Europäer deutlich, die sein ganzes politisches Schaffen durchzieht.

Die Akademiepläne begleiten Leibniz durch sein ganzes Leben. Sie sind der deutlichste Ausdruck seines umfassenden Kulturprogramms, das eine Erneuerung der deutschen wie der internationalen Wissenschaft auf der Grundlage einer umfassenden, schlechthin genialen enzyklopädischen Wissenschaftslehre sich zum Ziel setzt. Diese Akademien sind den überalterten Universitäten ausdrücklich entgegengesetzt: Forschungs-, nicht Lehranstalten, die Realien und alles, was für den Staat oder die Gemeinschaft nützlich ist, gegenüber dem humanistischen Studium pflegend. Die Theologie ist aus ihnen ausgeschaltet; das Toleranzprinzip ist überall durchgeführt. An allen bedeutenden Höfen des europäischen Kontinents hat Leibniz eine solche Akademiegründung versucht, immer nach dem Fürsten Ausschau haltend, dessen Machtstellung die enzyklopädische Gemeinschaftsarbeit erzwänge, in Paris und Hannover, in Berlin und

Dresden, in Wien und endlich in dem zu europäischer
Kultur sich durchringenden Petersburg Peters des Großen. Nur die Gründung in Berlin ist ihm gelungen; er hat
sie mit schmählicher Behandlung durch den preußischen
Staat bezahlen dürfen. Dresden, Wien und Petersburg
sind erst nach seinem Tode gefolgt. Wohl sind diese Akademien alle als nationale Anstalten gedacht; doch der al-
ternde Leibniz hätte, durch die Mißerfolge in Deutschland erschüttert, auch das Vaterland preisgegeben, wenn
ihm etwa in Rußland die Möglichkeit, seine Lieblings-
idee durchzusetzen, gegeben worden wäre.

Die politische Konstellation, in die der junge Politiker in
Mainz eintrat, war derjenigen nicht so völlig unähnlich,
die wir heute vor uns sehen. Das türkische Reich im
Osten, der Machtstaat Ludwigs XIV. im Westen, die
größten deutschen Fürstenterritorien auf dem Wege zu
modernen Eigenstaaten, der Kaiser in Spanien gebunden
und in erster Linie auf die Erhaltung seiner Hausmacht
bedacht. Dem Kampf gegen Ludwigs Eroberungspolitik
gelten seine ersten und seine letzten politischen Arbeiten;
er zieht sich wie ein roter Faden durch dies Denkerleben.
Erstaunlich klar hat der junge Leibniz die Mentalität des
französischen Herrschers erkannt: Wem viel anvertraut
ist, der will alleweil noch mehr haben; der Machttrieb ist
ihm das Geheimnis von des Königs Persönlichkeit; ihm
opfert er jedes sittliche Bedenken eines guten Herzens.
Leibniz ist für die Genialität dieses Machtstrebens nicht
unempfänglich; mit Neid sieht er auf die aufwärtsstre-
bende Entwicklung Frankreichs, wogegen das Reich nur
noch mit einem seidenen oder gar ströhernen Faden zusammenhängt.

Leibnizens Gedanken zur Reichsreform erwachsen ganz

*Schriftprobe des siebzehnjährigen Kurt Huber aus einem Schul-
heft (Text siehe Rückseite)*

Schriftprobe aus dem Gefängnis (verkleinert)

Die Schriftprobe auf der Vorderseite stammt aus einem Schulaufsatz Kurt Hubers vom 2. Juni 1911 mit dem Thema „Wodurch sucht Brutus die Ermordung Cäsars vor dem Volke zu rechtfertigen und wodurch versteht Antonius den Eindruck seiner Ausführungen zunichts zu machen? (Shakespeare, J. C., III, 2.)" Der Text lautet:

„(Eben dadurch, dass er [Brutus], selbst Idealist, mit idealen, wohlgesetzten Worten sich) an den Pöbel wendet, ihn zu seiner Höhe heraufzuziehen sucht, bereitet er sich selbst seine Niederlage. Denn nun kommt ein anderer, ein populärer Redner im wahrsten Sinne des Worts, / Antonius. / sein Gegner /. Er stellt sich, im Gegensatz zu Brutus, als schlichten Bürger, der Redekunst nicht mächtig, unter das Volk. Scheinbar frei aus dem Herzen sprechend, weiss er mit raffiniertester Berechnung alle Instinkte des Pöbels, von der blinden Ergebenheit an Cäsar bis zur schnöden Gewinnsucht aufzureizen und reisst ihn in allmählicher Steigerung bis zur leidenschaftlichen Wut gegen die Verschwörer mit fort. In scheinbarem Einverständnis mit Brutus, der ja durch seine Rede die Menge gewonnen, entwindet er diesem unter dem Deckmantel rückhaltloser Anerkennung alle Vorteile Schritt für Schritt.)"

Das oben abgebildete Blatt stammt aus den Ergänzungsstücken zu den letzten beiden Kapiteln der Leibnizbiographie, die Kurt Huber noch im Gefängnis in Stadelheim schrieb, und damit wahrscheinlich aus dem Juni 1943. Es gehört zu keinem der zusammenhängenden Stücke, sondern ist in sich geschlossen. Der Text lautet:

„Wenn wir Hegels Fragment Nohl … lesen, welches das ‚unendliche Leben' all der individuellen Iche des Universums und deren niemals unterbrochenen Lebenszusammenhang als den wahren und einzigen Gegenstand der Metaphysik darstellt, so meinen wir den nüchtern präzisen Denker des 17. Jahrhunderts in einer poetisch verklärten, gelockerten, vertieften Sprache reden zu hören. In der Symbolsprache Hegels kommt uns erst zum Bewusstsein, welch irrationale Tiefen in dem Monadenansatz der Leibnizschen Lebensphilosophie sich auftun, wenn ein ganz Grosser den Leibnizschen Rahmen mit seinem wuchtigen Erleben füllt. Die geschliffene Form der Monadologie wirkt gegen diese Tiefen aufwühlende Ineinssetzung von Leben und Geist im Göttlichen wirklich wie eine feine Kartonskizze. —"

aus Boineburgs Politik, allgemeiner aus den kurmainzischen Reformplänen Johann Friedrich v. Schönborns. Im »Bedencken« von 1670, noch unter Boineburgs Aufsicht formuliert, wiederholt er sie 1677 im »Caesarinus« bis in die Staatsschriften des ausgehenden Jahrhunderts. Die kurmainzische Politik war darauf gerichtet, das morsche, auf die mittelalterliche Lehnsherrschaft gegründete Heilige Römische Reich in eine Art Bundesstaat unter Führung des Kaisers, doch mit starker innen- und außenpolitischer Selbständigkeit der Bundesglieder zu verwandeln. Die vorläufigen Partikularbündnisse der größten und einflußreichsten Fürsten waren als Vorstufe zur Reichsreform gedacht. Mit Nachdruck schaltete der Vorschlag des »Bedenckens« die außerdeutschen Mächte, mit denen die Einzelfürsten verbündet waren, aus dem Schutzbündnis aus.

An diesem Gedanken des rein deutschen Bundesstaatsgebildes im Heiligen Römischen Reich hat Leibniz zeitlebens festgehalten. Man kann daher nicht gegen ihn einwenden, sein leidenschaftlicher Kampf um den Reichsgedanken sei ein Eintreten für eine überalterte, durch den Gang der Geschichte überholte Staatsidee gewesen. Ein in Wirklichkeit bundesstaatliches Reichsgebilde, das alle geschichtlich gewordenen außerdeutschen, europäischen Machtansprüche des alten Heiligen Römischen Reiches in sich aufnähme – das war der Sinn der gegen Frankreich gerichteten Reformvorschläge von 1677 und ebenso von Leibnizens Erörterungen zur Regensburger Allianz von 1686. Eine Bundesverfassung mit Bundesdirektorium sollte die nirgends mehr faßbare alte Reichsordnung von 1480, ein elastischer Bundesrat den nie arbeitsfähigen Regensburger Reichstag ablösen. Eine einheitliche Reichs-

gesetzgebung auf der Doppelgrundlage des rezipierten
römischen Rechts *und* alten deutsch-germanischen Ge-
wohnheitsrechts, eine einheitliche Bundeskasse und ein
Bundesheer sollten die Eckpfeiler der bundesstaatlichen
Reform und die Garanten der Reichseinheit darstellen.
»Eine Trennung von Ober- und Niederdeutschland –
heißt es schon im ›Bedencken‹ – gäbe dem Reich die letzte
Ölung«.
Leibniz geht so weit, in dies bundesstaatliche Gebilde
den Kaiser immer nur als Vertreter seiner Erblande, als
»primus inter pares« einzusetzen. Erst recht entscheidet
das Fürstenkollegium durch einfache, man kann sagen
»demokratische« Stimmenmehrheit. Auf der anderen
Seite sieht jedoch Leibniz das »Reich«, dies sich selbst ge-
nügende »Land der Mitte« geradezu theokratisch als den
Gottesstaat auf Erden, faßt er das Verhältnis der Fürsten
zum Kaiser als ein absolut patriarchalisches Treueverhältnis. Wie ist der anscheinende Widerspruch zwischen
den zwei Staatsideen zu deuten? Falsch wäre es, einfach
von einem Widerspruch zwischen realer Gestaltung und
idealer Deutung zu reden. Der nüchterne Politiker Leibniz baut keine Luftschlösser. Gerade der Staatsmann in
ihm sieht, je mehr er sich in die Geschichte des Welfenhauses vertieft, in der alten Reichsidee eine fortwirkende
geschichtliche Macht.
Mit der Rückkehr in die Heimat verschiebt sich das Verhältnis des Philosophen zum Reich und zum weiteren
Europa in einschneidender Weise. 40 Jahre lang, unter
drei Herrschern sollte er dem Hause der Welfen dienen;
er hat den glänzenden und doch fragwürdigen Aufstieg
der Hannoveraner Linie zum neunten Kurfürstentum
und endlich zur englischen Königskrone nicht nur erlebt,

sondern durch seine Feder an beidem entscheidenden Anteil genommen. Er durchlebt mit leidenschaftlicher innerer Anteilnahme die wechselvolle Geschichte Deutschlands in diesen vierzig Jahren: die unglücklichen Kriege mit Frankreich, Höhepunkt und Niedergang der französischen Vormachtsstellung in Europa, die glückliche Behebung der Türkengefahr, den Aufstieg Brandenburgs und die Rivalität Brandenburg-Österreich, die sich erst später in ihrer ganzen Schwere offenbaren sollte.

Die Geschichte von Leibnizens Anteil an diesem deutschen und europäischen Geschehen, die Geschichte des Politikers Leibniz in den Hannoveraner Jahren gestaltete sich, nicht ohne Leibnizens eigene Schuld, zur Tragödie. Glänzend, hoffnungsvoll beginnt Leibnizens Wirksamkeit unter dem kühlen reservierten Franzosenfreund Johann Friedrich. Die drei kurzen Jahre von 1676–1679, bis zu dem Tod des Herzogs auf der Reise nach Italien in Augsburg, sollten für Leibniz die Jahre ungetrübtesten, intensivsten Schaffens sein. Der grundlegende Neuaufbau seiner Wissenschaftslehre, die ersten Ansätze eines logischen Kalküls, die Umreißung einer neuen Geometrie der Lage, die Entdeckung der Determinantenrechnung, tiefdringende, heute erst fruchtbar werdende Grundlagenforschung der Mathematik sind dem Uneingeweihten nur Titel, die ihn nicht entfernt ahnen lassen, welche Unsumme von geistiger Arbeit in diesen Entwürfen steckt. Für einen Leibniz sind es – Nebenbeschäftigungen, die sich der durch vielfältige Geschäfte gebundene Politiker und Staatsjurist in der freien Zeit abringt. Denn im Mittelpunkt seiner Arbeit stehen die Vorschläge für eine rationale Gestaltung des kleinen, doch in man-

chen Beziehungen schon musterhaften hannoverani-
schen Staatswesens.

Es gibt kein Gebiet des Staatshaushalts, zu dem der neue
Bibliothekar und Hofrat nicht seinem Fürsten und später
dessen sehr viel verständnisloseren Nachfolgern gegründete Vorschläge gemacht hätte. Zentralisierung der gesamten Landesarchive, Schaffung einer umfassenden
Landesstatistik zur unmittelbaren praktischen Verwen-
dung des Fürsten – Vorgänger der bekannten Quarthefte
Friedrichs des Großen –, Münz- und Steuervorschläge,
großzügige Versicherungen und Armenpflege, tiefkun-
dige Münzvorschläge und endlich die kühnen Vorschläge
zur Verbesserung des Ertrags der Harzbergwerke, die im
Jahre 1685 den Vielgeschäftigen fast seine Stellung geko-
stet hätten. Uns fesselt das Grundsätzliche, die *Idee einer
streng rationalen Staats- und Volkswirtschaft*, die Leibniz in dem kleinen niederdeutschen Staatswesen in vollem Umfang zur Durchführung bringen möchte.

Abwegig der Einwand, viele der Vorschläge seien nicht
Leibnizens eigenem Kopf entsprungen. Als ob bei praktischen Vorschlägen zur Staatsführung die Originalität
und nicht die Zweckmäßigkeit und Durchführbarkeit in
Frage stünde! Und Undurchführbares hat Leibniz nie
verlangt, auch nicht in seinem kühnen Harzprojekt, das
an der Hartköpfigkeit und Verständnislosigkeit der
Bergbauverwaltung scheitern mußte. Was ein Colbert
für Frankreich, ein Becher für Österreich war, das wollte
und konnte Leibniz für Hannover werden. Vieles, was er
verlangte, ist kaum Jahrzehnte später im Brandenburg
Friedrich Wilhelms I. und noch später und nicht ohne inneren Zusammenhang mit Leibniz von Friedrich dem
Großen verwirklicht worden.

Zum Staatswirtschaftler von Gewicht tritt, ihn ergän-
zend, erst der Politiker, und zwar der Staats- und Kultur-
politiker. Er führt wieder in das Getriebe verwickelter
deutscher und europäischer Konstellationen, in dem sich
der Rastlose zermürben sollte. Eben weil er *nicht* – wie er
sich erhofft hatte – in die unmittelbare politische Führung des Staatswesens hereingezogen wurde, sondern
von Anfang an die verhängnisvolle Stellung des politischen Außenseiters beziehen mußte, der sich durch Son-
derleistungen politisch unentbehrlich zu machen hoffte.
Er hat staatsrechtliche und andere juristische Sonderauf-
gaben zu lösen, er hat einen umfassenden Briefwechsel
zu führen, bei dem die Grenzen des Halbamtlichen und
Privaten kaum zu ziehen sind – aber er hat nicht zu regie-
ren. In dieser halben Stellung liegt von Anfang an der
Schlüssel zu der Katastrophe.
Der große Denker war für Johann Friedrich eine interes-
sante Aquisition, die er vielleicht noch an die richtige
Stelle zu setzen gewußt hätte; für seinen Nachfolger
Ernst August schon mehr eine Belastung, die man trug.
Trauriges Schicksal!
Eine staatsrechtliche Arbeit der ersten Hannoveraner
Jahre von 1677 hat Leibnizens Ruhm als politischer
Schriftsteller mit begründet. Der »Caesarinus Fuersten-
ensis«, aus einem Gesandtschaftsstreit erwachsen, klärt
das staatsrechtliche Verhältnis der deutschen Fürsten
zum Reich und untereinander – eine grundlegende Fragestellung. Der Begriff der *Souveränität* steht im Mittelpunkt. Leibniz gesteht ihn allen Einzelfürsten zu, soweit
ihrer Herrschaft die Merkmale der Autonomie, genügen-
der Größe ihres Gebietes, des Rechts der Verträge und
über Krieg und Frieden zukommen. Diese Fürsten sind

souverän, aber sie stehen in einem höheren staatlichen
Verband, der durch die Souveränität nicht erschöpft ist,
sie stehen im Treueverhältnis zum Reich, zum Kaiser.
*Ein moderner Souveränitätsbegriff und die Grundidee
der Treuegefolgschaft gehen in Leibnizens Idee des »Reiches« ein.*
Diese Bindung des Neuen und Alten ist für Leibnizens
Reichsidee charakteristisch. Sie ist im tiefsten Grunde *hi-
storisch*, nicht systematisch. Leibniz fragt sich: Wie sieht
das Reich *tatsächlich* aus? Nicht wie Pufendorf: Ist es
unter die Monarchie, Aristokratie oder irgendeine andere Herrschaftsform *einzuordnen*? Nur für den Mozam-
bano-Theoretiker ist es ein staatsrechtliches Monstrum;
für den, den der aus Einseitigkeit und Mißgunst die
Wirklichkeit nicht sehen *will*, dem der Primat Habsburgs
ein Dorn im Auge ist. Für Leibniz ist das Reich etwas
ganz Einmaliges, geschichtlich Gewordenes, letzten En-
des ein unwiederholbares Staatenindividuum, eine »Mo-
nade«. Und *er* erlebt diesen Organismus als zwar ge-
schwächt, doch voll lebendig, daseinswert, als Ausfluß
gerade des deutschen Staatswillens. Er steigt in die Vorzeit der ältesten Herrscherfamilien, so der Welfen zurück
und findet das Treuegefolgschaftsverhältnis an sich
selbständiger Fürsten zu einem selbstgewählten Ober-
haupt als die charakteristische Struktur des germanischen
Königtums. Sie hat das römische Imperium, eine gänzlich andere Staatsform abgelöst, *germanisiert*. Lächerli-
che Humanistenweisheit, die deutschen Fürstenfamilien
in ihrem Stammbaum auf römische Kaiser zurückführen
zu wollen!
Wie Leibniz sich als braunschweigisch-lüneburgischer
Historiograph in die Genealogie des Welfenhauses ver-

tieft, bucht er als unerwartetsten Erfolg die Verwandtschaft des Herzoghauses mit dem italienischen Herzoghaus der Este durch einen gemeinsamen Ahnen Azzo. Nicht eine römische Abkunft, sondern das germanische Blut in ältesten italienischen Familien ist für ihn entscheidend. Er gründet darauf die Ansprüche des Reichs auf die italienischen Staatengebilde.

Eine solche tief historische Einstellung zum Reich bildet die unwägbare Voraussetzung von Leibnizens ganzer Realpolitik auch in den Hannoveraner Jahren. Er hat an ihr – fast bis an sein Lebensende – nicht gerüttelt; erst die bitteren Erfahrungen am Wiener Hof scheinen im letzten Lebensjahr ihn den Reichsgedanken aufgeben zu lassen. Damit freilich bräche das ganze Gebäude seiner Politik zusammen.

Man hat Leibniz einen Großdeutschen genannt. Gerade das ist er nicht in dem Sinne, als ob er vom Standpunkt Österreichs aus Politik machte. Er unterscheidet scharf das »Reich« und »Habsburg-Österreich«. Daß seine »Reichspolitik« im Grunde keine österreichische sei, war der Verdacht, den die Wiener leitenden Stellen im letzten gegen Leibniz hegten. Er war keiner von den »ihren«.

Je schärfer Leibnizens spätere politische Publizistik im Vergleich zu den Leistungen der zeitgenössischen großen Publizisten, eines Lisola und Dumont, auch eines Abraham a Santa Clara, unter die Lupe genommen wird, desto mehr erweist sie sich als Produkt einer nicht eigentlich originalen, gewiß nicht genialen Feder. Sie zeigt uns die Grenzen, die auch der universalen Riesenbegabung eines Leibniz gesetzt waren. Ein großer Realpolitiker in dem Sinne, daß er im gegebenen Augenblick bestimmend in den Gang der Politik an irgendeiner Stelle hätte eingrei-

fen können, ist er nie gewesen. Selten offenbart sich so
scharf eine tiefe Diskrepanz zwischen hohen, der Zeit
voraneilenden politischen Zielen und der Fähigkeit, die
Mittel und Wege zu deren Erreichung zu finden.
Es ist zunächst vielleicht eine Unfähigkeit der politisch
suggestiven Wirkung. Schon der »Mars Christanissi-
mus«, die feinste Satire auf Ludwig XIV., ist einer breiten Wirkung nicht fähig. Noch viel weniger die zum Teil
langweiligen, mathematisch genau vorgehenden Deduk-
tionen der Spätpublizistik zum Erbfolgekrieg in all seinen verschiedenen Phasen. Leibniz hat den Blick für weite Sichten, aber nicht unmittelbar für das Nächstzutuen-
de.
Schwerer fällt freilich eine charakterliche Unsicherheit
ins Gewicht. Der Politiker, der sich dauernd hinter An-
onymitäten verbirgt, der für jeden Schritt, den er tut, das
verzwickte Spiel von Vordermännern braucht, die er in
die Front schickt, der lieber den Umweg über fürstliche
Freundinnen nimmt, statt mit seinem Herrn ein gerades
Wort zu reden, ist keine restlos erfreuliche Erscheinung.
Dazu kommt eine merkwürdige, mit den Jahren sich be-
denklich steigernde Geschäftigkeit, verbunden mit einer
kaum verständlichen Unkenntnis über die eigene Lage.
Er jongliert zwischen den einzelnen Höfen, jeweils eine
Bedeutung und Intimität vorgebend, die er nie besessen
hat, so daß er nirgends vollem, ungeteiltem Vertrauen
begegnet. Und das ist die erschütterndste Tragik seines
politischen Tuns: ihm fehlte die selbstsichere Vertrau-
enswürdigkeit.
Widersprüche gibt es in jeder lebendigen Politik. Doch
das Maß der Widersprüche hat irgendwo seine Grenzen.
Das Verhalten des späten Leibniz bleibt als Ganzes dun-

kel und widerspruchsvoll. Mit dem Tode der Königin Sophie Charlotte, dem schwersten Schicksalsschlag, der ihn je traf, ist seine Rolle am Preußenhof ausgespielt. Doch auch den Weg zu Wien hat er sich längst verbaut, und in Hannover ist er schon fast ein Fremdling. Immer wieder versucht er den Zugang zur lebendigen politischen Welt, in der die großen Entscheidungen fallen, aber nirgends wird ihm auch nur eine Hintertüre geöffnet.

In dieser tragischen Lage strebt sein Geist in unwirkliche Fernen. Er hält die Zeit für ein gewaltig erweitertes Kulturgebilde »Europa«, für einen übereuropäischen Kulturraum für gekommen, den es zu gestalten gilt. Er träumt von ungeahnten Möglichkeiten, die ihm der Zugang zu Peter dem Großen zu eröffnen scheint. Längst – spätestens seit 1697 – hat er sich ihm zu nähern gesucht. Es gelingt ihm, in Entwürfen über Entwürfen den Zaren zu einer großangelegten Kulturpolitik zu begeistern. Er war so weit, für den Preis der Durchsetzung sein Vaterland aufzugeben. Kann man ihm verdenken, daß er sich in der Enge des deutschen Fürstenhofes mißverstanden fühlte? Kann man ihm nicht nachfühlen, daß er – ein wahrer Schüler Platons – mit dem Gedanken spielte, in dem weiten russischen Raum, auf jungfräulichem Kulturboden, nicht eine Tyrannis, sondern *den* Staat der Vernunft und wahren Liebe aufzubauen? Frei von hemmenden historischen Bindungen, vom Gezänke der Konfessionen, von Machtansprüchen Roms? Und eine Brücke zu schlagen zu dem Vernunftstaat des Ostens, als der ihm China erschien? In Ludwig, Peter und dem chinesischen Kaiser sah er die Machtfülle vereint, die Menschheit unter dem Banner von Vernunft und Liebe zu sammeln.

Der deutsche Träumer! Er träumt ein Vorspiel ganz andersgearteter Machtkonstellationen, die heute Europa
und den Fernen Osten zur Auseinandersetzung zwingen. Doch er weist den Weg zu einer kommenden, tieferen Auseinandersetzung im Zeichen von Vernunft und
Liebe.

Zwei Vorlesungen

Die beiden Vorlesungen von Kurt Huber, die zu hören ich das Glück hatte – *Ton- und Musikpsychologie* im Wintersemester 1940/41 und *Deutsche Musikästhetik seit Kant* im Sommersemester 1941 –, sind mir unauslöschlich im Gedächtnis. Schon in der Art des Vortrags offenbarte sich ein akademischer Lehrer besonderen Ranges. Huber hatte von einer schweren Krankheit eine Sprachhemmung zurückbehalten, die ihm leichtes Sprechen unmöglich machte. Es dauerte in jeder Vorlesung einige Minuten, bis ihm Stimme und Rede ganz gehorchten, und auch dann noch war der Aufwand innerer Energie, deren es für ihn bedurfte, um eine Stunde frei zu reden, deutlich zu spüren. Dadurch kam in seine Rede eine Intensität, die ihr den Charakter einer Verkündung verlieh, wie man sie von einer akademischen Vorlesung nicht erwartet. Daß trotzdem die Wirkung durchaus im Bereich reiner Wissenschaft blieb, ist ein Beweis von Hubers hoher Geistigkeit und seinem ganz auf die wissenschaftliche Erkenntnis gerichteten Sinn, der freilich da, wo der Gegenstand der Vorlesung dem Bereich der Künste angehörte, mit einem echten künstlerischen Gefühl verbunden war. Dies wurde in dem Augenblicke deutlich, da er sich, um irgend ein musikalisches Problem zu beleuchten, ans Klavier setzte und auswendig, fehlerlos und mit schönem Ausdruck spielte, wovon gerade die Rede war. Er wußte

nicht nur viel von Tatsachen der Musikwissenschaft,
sondern verstand auch wirklich etwas von Musik – was
nicht von allen seinen Kollegen, vor allem von denen der
experimentellen Richtung, in der er eine Zeit lang arbeitete, unbedingt feststeht.

Otto Ursprung erzählt, wie Huber nach rein musikge-
schichtlichen Anfängen von der Musikwissenschaft »ab-
gedrängt« wurde. Es ist ein Beweis für die Macht der Musik über diese Natur, daß er von der Experimentalpsy-
chologie aus, der er sich nun zugewandt hatte, sofort
wieder zur Musik zurückfand und in seinem damals ver-
öffentlichten Buche trotz der mit künstlichen Mitteln ar-
beitenden experimentellen Methode in jenen von Ursprung angeführten Einzelbemerkungen seinen natürlichen Sinn für die lebendige Musik bewährte. Und je tiefer er mit seinen musikwissenschaftlichen Forschungen
drang, desto wichtiger wurde ihm der Grundsatz, daß
nur die im Hörerlebnis vermittelte lebendige Musik Aus-
gangs- und Endpunkt der Forschung sein könne. Vor allem wollte er später von der ganzen künstlichen Apparatur der experimentellen Methode nichts mehr wissen. In
einem 1936 gehaltenen Vortrag *Zur psychologisch-akustischen Analyse der Sprachmelodie*[1] finden sich die Sätze:
»Das alles läßt sich – im ersten Ansatz – nur hören! Die
Frequenzkurve sagt uns unmittelbar nichts. Keine ma-
thematisch-physikalische ›naturwissenschaftliche‹ (E.
Zwirner) Auswertung, keine biologische Korrelations-
statistik vermag diesen Ansatz am Phänomen zu ersetzen. Und so kann auch keine Apparatur der Welt, kein
Oszillograph und Klangfilm – von der schon alternden

---

[1] in *Die Zentralstelle für Sprechpflege und Sprechkunde 1935, Heft I,* herausgegeben von der Deutschen Akademie.

Schallplatte ganz zu schweigen – jenes wunderbare Instrument des Ohrs ersetzen, das allein mit dem aufnehmenden Geiste in jener naturgegebenen Beziehung steht, die alles Hören zu einem Durchgreifen macht.« In seiner Vorlesung war von der experimentellen Methode keine Spur mehr zu finden.

An die Spitze seiner Vorlesung stellte Huber den Satz: keine Ton- und Musikpsychologie könne zu brauchbaren Ergebnissen führen, wenn sie nicht mit aller Entschiedenheit den *»Ton« als Hörphänomen* von dem Ton als physikalisch-physiologischem Tatbestand scheidet, was von Helmholtz und Stumpf und auch noch von manchen neueren Forschern übersehen worden sei. Was durch physikalische Methoden ermittelt werden kann, das trage nicht nur wenig bei zur Erklärung dessen, was das Wesen des Tons als musikalischen Phänomens ist, es stehe sogar oft zu allem, was in den Bereich der Musik gehört, in unvereinbarem Widerspruch. So sei die »Lautstärke« als Empfindung keineswegs abhängig von den mit Hilfe des – im übrigen wissenschaftlich keineswegs exakt fundierten – Begriffs des »Phon« zu fixierenden »Amplitüden«, wie die Tatsache beweise, daß ein Vibrato der Geige stärker sei als ein ruhiger Geigenton, obwohl die Amplitüden im zweiten Fall größer sind, daß sechzehn Geigen nicht sechzehnmal lauter sind als eine einzige, sowie daß ein Fortissimo als solches gehört werden könne, wenn die Tonstärke als solche, physikalisch gemessen, nur sehr gering ist, wie bei einer Musik aus der Ferne oder von der Schallplatte. Aber nicht einmal die scheinbar so einleuchtende Erklärung des Begriffs der »Konsonanz« mit Hilfe der Zahlenverhältnisse der Obertöne, auf denen doch die Ordnung unseres Tonsy-

stems weitgehend beruht, halte genauerer Überlegung
stand: es sei schlechterdings nicht zu verstehen, warum
wohl das Verhältnis 5 : 6 (kleine Terz) noch als Konsonanz empfunden wird, dagegen das Verhältnis 6 : 7 (große Sekunde) als dissonant. Wenn Stumpf die Tatsache der
Konsonanz aus der »Verwandtschaft der Obertöne« erklärt, so stimme das wohl für die Oktave (1 : 2), aber
schon nicht mehr für die Quint (2 : 3). Wobei noch zu
beachten ist, daß Oktave und Quint und Quart nicht
eigentlich »Konsonanzen« seien: deren Wesen bestehe
darin, daß zwei als verschieden empfundene Töne »zu-
sammenpassen«, während bei jenen die »Verschmel-
zung« so groß sei, daß die zwei Töne nicht mehr klar von
einander geschieden werden; zudem sei – eine sehr wichtige musiktheoretische Erkenntnis! – die Quart nicht
eigentlich ein Intervall, sondern entweder nur Vorhalt
vor der Terz oder ein »Restbestand«, der bei der Beziehung von der Oktav zur Quint übrig bleibe. Alle diese
einzelnen Feststellungen, zu denen noch viele andere kamen, dienten nur der Erhärtung der entscheidenden These: was wir musikalisch hören, sind *Phänomene*, die weder durch Zurückführung auf sekundäre Phänomene,
wie es z. B. die Obertöne sind, noch durch Analyse anderer Art erklärt werden können. Ja noch mehr: die Analyse versagt nicht nur als Mittel zur Erkenntnis der Phänomene, sie wirkt in manchen Fällen geradezu als zerstö-
rende Kraft. Die »Klangfarbe« eines Tons, die bekanntlich von dem größeren oder geringeren Reichtum an
Obertönen abhängt, »zerfällt« in dem Augenblick, da
wir versuchen, die Obertöne im Hören zu isolieren und
damit den Klang zu analysieren. Ganz allgemein gilt der
Satz, *daß das musikalische Hören nicht analytisch, son-*

dern synthetisch ist. Auch der Dreiklang ist keine Addition zweier Terzen, sondern ein Ineinander von Quint und Terz, bezogen auf den Grundton als das Zentrum.

Diese »Zentrierung«, die noch bei den kompliziertesten harmonischen Bildungen stattfindet, aber auch für die rein lineare, noch nicht harmonisch gebundene Musik früherer Epochen gilt, ist eine der Grundtatsachen des musikalischen Hörens, dessen »*gestalthafte*« Natur damit bekräftigt wird.

Damit war Huber an dem Punkte angelangt, wo die Bedeutung der Musikpsychologie für die *Musikästhetik* offenbar wird. Nun war der eine zentrale Begriff der Musikästhetik gründlich zu fundieren: der Begriff der musikalischen Gestalt, das heißt *der sich in der Zeit vollendenden Gestalt.* Auch hierzu hatte Huber Wichtiges zu sagen. Vor allem war einmal der Begriff der *musikalischen Zeit* zu klären. Sie sei, so führte er aus, rein *phänomenal*, das heißt sie existiere außerhalb des erklingenden Tonstücks überhaupt nicht, werde erst mit der musikalischen Gestalt erzeugt. Mit der meßbaren Zeit habe sie – trotz der Möglichkeit, den Zeitverlauf eines Musikstücks mit Hilfe des Metronoms zu messen – gar nichts zu tun. So sei auch der Begriff der »Gegenwart« in der Musik nicht mit dem »Moment« identisch: nicht der einzelne Ton oder Akkord, sondern ein bereits gestaltetes »Motiv«, also eine kurze, prägnante Tongestalt wird in einer Gegenwart des Bewußtseins erlebt. In der Melodie aber – und des weiteren im Verlauf eines ganzen Satzes – reiht sich eine solche »Präsenzzeit« in sinnvoller Verknüpfung an die andere. Diese Theorie, die meines Wissens völlig neu ist, versucht zum erstenmale eine Erklärung des geheimnisvollen Vorgangs, durch den eine in der Zeit verlaufende Gestalt als organische Einheit gefaßt wird. Auch das Phänomen des musikalischen *Rhythmus* wird hierdurch in neuer Weise geklärt. Der Rhythmus, eines der unentbehrlichsten Elemente der musikalischen Gestalt – ohne Rhythmus ist ein phänomenales Zeiterlebnis in der Musik nicht denkbar –, wird stets auf ein »Metrum«, das heißt eine gesetzmäßige Ordnung bezogen, ist aber mit diesem keineswegs identisch, kann vielmehr das Metrum jederzeit innerhalb gewisser Grenzen verändern, vorausgesetzt, daß es hinter der Erscheinung noch latent wirksam bleibt.

Nicht alle Gedanken, die Huber in dieser Vorlesung entwickelte, waren schon bis zur letzten Reife gediehen. Manches blieb noch Andeutung und Skizze, anderes fügte sich noch nicht ganz widerspruchslos in den Zusammenhang eines geschlossenen Systems ein. Völlig klar aber war das Ziel, das Huber mit dieser Vorlesung verfolgte: eine sichere Grundlage für die Musikästhetik zu schaffen. Daher das Bestreben, vorerst einmal – ganz im Sinne der »phänomenologischen« Methode – alles das auszuscheiden, was als Grundlage einer Musikästhetik nach seiner Überzeugung nicht in Frage kam. Daher auch die immer wieder hervortretende Tendenz, über die im eigentlichen Sinne »psychologische« Fragestellung hinaus zu den »Phänomenen« vorzudringen und damit die objektiven Wesenheiten der Musik zu erfassen. Mit aller Entschiedenheit betonte er, daß es sich bei der Musik nicht um psychologisch-subjektive, sondern um geistig-objektive Tatbestände handle.

Damit war freilich der Bereich der eigentlichen Musikpsychologie in der Richtung auf die *Musikästhetik* überschritten, die er in einer eigenen Vorlesung behandelte.

Was Otto Ursprung von dieser Vorlesung erzählt – ich habe sie leider nicht gehört –, zeigt, daß auch hier Ansatz und Ziel das gleiche waren. Es ist ein Verlust für die Musikwissenschaft ebenso wie für die Philosophie, daß es Huber nicht beschieden war, diese seine Forschungen bis zur Buchform zu entwickeln. Mit seiner Musikästhetik hätte er die Wissenschaft sehr wesentlich gefördert, – und das gleiche ist auch von seiner *Geschichte der deutschen Musikästhetik seit Kant* zu sagen, die ebenfalls bedauerlicher Weise nicht über die Vorlesungsform hinaus gediehen ist. Was diese Vorlesungen auszeichnete, war nicht nur die meisterhafte Klarheit in der Darstellung fremder Gedankengänge und deren Einbettung in die Zusammenhänge der jeweiligen Systeme und des Zeitdenkens, sondern ebenso auch das überlegene Urteil, das auf einer großen Sicherheit und Tragfähigkeit des eigenen Standpunkts beruhte. Ich kenne keine schriftliche Darstellung dieses schwierigen und umfassenden Stoffes, die sich an Reichtum der Gedanken und Fruchtbarkeit der Kritik mit Hubers Vorlesung messen könnte. (Schäfkes treffliche »Geschichte der Musikästhetik« übergeht die musikästhetischen Theorien der großen Philosophen fast ganz, Paul Moos verdirbt sich seine »Philosophie der Musik« durch einseitige Orientierung an den Theorien Eduard von Hartmanns).

Schon wie Huber die Werte setzte, das war ungewöhnlich. Noch nie hatte jemand die Bedeutung *Herders* für die Musikästhetik so klar erkannt wie er in dem von Ursprung besprochenen Aufsatz und in seiner Vorlesung, wo er wohl auch manche der Gedanken ausführte, die für den nicht erschienenen zweiten Teil jenes Aufsatzes bestimmt waren. Wichtig war vor allem die Feststellung,

daß bereits der junge Herder eine Theorie des Gesamt-
kunstwerks entwickelt und so als Vorgänger Wagners zu
gelten hat. Schon Herder war davon überzeugt, daß »alle
Urkunst Gesamtkunst« gewesen sei. In einer »dialekti-
schen« Entwicklung hätten sich die Künste zuerst ge-
trennt, um sich dann auf einer höheren Stufe der Entwicklung wieder zu vereinigen, wobei er aber, ähnlich
wie später Wagner, die »Oper« nicht als Gesamtkunst-
werk gelten ließ, weil diese alle anderen Künste in ihren
Dienst zwinge. Bei der Betrachtung *Kants* wies er darauf
hin, wie trotz aller in der mangelnden Musikalität be-
gründeten Mängel doch immer wieder der geniale Tief-
blick in die Wesenheiten der Kunst in Erstaunen setze.
Freilich sei vieles in Kants Theorie der Kunst bisher nicht
richtig verstanden worden.

Auch *Schellings* Musikästhetik wurde von Huber wichtiger genommen und tiefer gefaßt als sonst üblich ist. Er
sah in ihm den »vertieften Erneuerer des Pythagoräis-
mus«, der aus der uralten Gleichung zwischen Kosmos
und Musik eine tiefe Erkenntnis der Natur der musikalischen Zeit und des Rhythmus gewinnt. Schelling sieht im
Rhythmus das allem anderen übergeordnete Prinzip der
Musik und schlägt von hier aus die Brücke zum Kosmos:
wie durch den Rhythmus das Musikstück aus dem Zeitverlauf herausgenommen wird, sodaß es nun »die Zeit in
sich hat« (der Begriff der »phänomenalen Zeit«, der anstelle von Kants Auffassung der Musik als der Kunst der
»reinen Sukzession« tritt!), so ist auch an der Planetenbe-
wegung das Wesentliche nicht die meßbare Zeit, in der
die Bewegung geschieht, sondern das Zusammenstim-
men der Bewegungsordnungen. Die Darstellung dieser
»Sinnharmonie« sei das Wesen der Musik.

Für Huber gehört Schelling, dessen Begriff der Seele nicht irrational sei, nicht in den Zusammenhang der romantischen Musikästhetik. Deren Höhepunkt sah er, wiederum im Gegensatz zu anderen Darstellungen, nicht in Schopenhauer, sondern in *Hegel*. Freilich sei dessen Musikphilosophie bisher stets mißverstanden worden, weil sie nur im Zusammenhang mit seiner allgemeinen Ästhetik richtig verstanden werden könne. In Hubers Darstellung wurde klar, wie Hegel trotz der »Absolutheit« seines Denkens auch über die Tatsachen der Musik sehr Wesentliches wußte. Von ihm stammt, was noch nicht klar erkannt ist, die Auffassung der Musik als der »Kunst des Gemüts«, er spricht von der »totalen Hingerissenheit« (sinnlich-geistiger Natur), die keiner anderen Kunst eigen sei, und von der »Innerlichkeit«, die im Ton als etwas Gestaltetem liegt, wobei er in wunderbarer Weise »objektive« und »subjektive« Innerlichkeit unterscheidet: das »Crucifixus« in der Musik einerseits objektiv, anderseits in den dabei erweckten Gefühlen dargestellt. Hegel weiß um die phänomenale Zeit, um die an Zeit und Rhythmus gebundene musikalische »Gestalt«, aber im Gegensatz zu Schelling sieht er nicht im Rhythmus, sondern in der »Melodie« die eigentliche Schöpferkraft der Musik: sie allein sei nicht mehr rational faßbar. In ihr liegt der Gefühlsgehalt der Musik beschlossen – nicht etwa als »Scheingefühle«, wie manche Theorie es will, sondern als Gefühle von höchster Prägnanz, die allerdings der Bestimmung durch das Wort nicht zugänglich ist. Aber: nicht die Darstellung der Besonderheit der Gefühle ist der letzte Sinn der Musik. Dahinter liegt noch ein Allgemeines, das allem besonderen Gefühlsgehalt übergeordnet ist. – Die Darstellung von Hegels Musikästhetik, von der hier nur gerade einige Andeutungen gegeben werden können, bildete den Höhepunkt der Vorlesung. Es wäre von größtem Werte für die Wissenschaft, wenn es möglich wäre, aus den Notizen Hubers diese Darstellung in ihrem Zusammenhange zu rekonstruieren.

Wiederum im Gegensatz zu der üblichen Rangordnung trat in Hubers Darstellung die Musikästhetik *Schopenhauers* etwas zurück. Wohl erkannte Huber die »Unendlichkeitssicht«, den Tiefsinn mancher Gedanken Schopenhauers an, bestritt aber die von dem Philosophen immer wieder betonte absolute Neuheit seiner Gedanken, wobei er sich mit Schäfke einig war, der mit Recht die Abhängigkeit Schopenhauers von der Gedankenwelt der Romantiker hervorhebt. Die grundsätzliche Trennung der Musik von den übrigen Künsten hielt Huber für unhaltbar. Schopenhauers Feststellung gegenüber, daß der Gefühlsgehalt der Musik mit Worten unausdrückbar sei, betonte er, daß das gleiche auch für die Dichtung und die bildenden Künste gelte. Der Unterschied liege nur darin, daß es bei der Musik keine Bindung an eine bestimmte Situation gebe, die bei den anderen Künsten unentbehrlich sei. Für verhängnisvoll hielt er das Mißverstehen der Schopenhauerschen Theorie in der Philosophie Eduard von Hartmanns, die in der Darstellung von Paul Moos den Höhepunkt der gesamten Musikphilosophie darstellt.

In der nun folgenden Philosophie des »Spätidealismus«, bis zu Fr. Th. Vischer, fand Huber wenig neue Gedanken zu dem Thema, ebensowenig aber auch in der Philosophie des »Realismus« (Herbart). Immerhin aber finde sich bereits 1826 bei *Nägeli* die These, daß der »Inhalt«

der Musik der musikalische Gedanke und nichts Außer-
musikalisches sei, und daß das Wesen dieser Gedanken
(ähnlich wie dies Kant bereits gesagt hatte und wie es später Hanslick ausführt) dem der »Arabeske« zu verglei-
chen sei. Das ganze Zeitalter schien ihm, trotz des
»Scheins von Exaktheit«, von einer verhängnisvollen
»Unsicherheit des philosophischen Denkens« beherrscht
zu sein. Diese Unsicherheit fand er auch in dem seiner
Überzeugung nach unbrauchbaren ersten Teil von *Hanslicks* viel gelesener und besprochener Schrift »Vom musikalisch Schönen«. Dessen von Herbart übernommene
These von der notwendigen Bindung des bestimmten
Gefühls an die Vorstellungen sei falsch: Die Bestimmt-
heit des Gefühls sei nicht weiter analysierbar, aber stets
an die künstlerische Form gebunden. Die künstlerische
Bildhaftmachung sei entscheidend für die Deutlichkeit
des Gefühls, nicht die Vorstellung, die nur den »Ort« des
Gefühls bestimme. Dagegen sah Huber im zweiten Teil
von Hanslicks Schrift sehr viel Brauchbares: seine These
von der rein musikalischen Natur der musikalischen Gedanken und die Theorie von der Schönheit der musikalischen Gebilde erschien ihm als eine wichtige Weiterent-
wicklung der idealistischen These in der Richtung auf
eine Betrachtungsweise, die den künstlerischen Tatbe-
ständen der Musik gerecht wird, von denen jene Philosophen nichts verstanden, während Hanslick ein musikalisch hochgebildeter Mann war. So gelang ihm als erstem
in der Geschichte der Musikästhetik eine klare Herausar-
beitung der formalen Sinnstrukturen, über denen er dann
freilich die Ausdrucksseite der Musik fast völlig vergißt:
nur insoweit läßt er das Gefühl als ästhetisch berechtigt
gelten, als es durch die Erfassung der formalen Schönheit

ausgelöst wird – alles andere durch die Musik ausgelöste
Gefühl sei kein ästhetisches Verhalten, sondern eine »pathologische« Reaktion.

Sehr eindrucksvoll war, wie Huber Hanslick mit dessen
unerbittlichstem Gegner *Friedrich von Hausegger* kon-
frontierte. Dessen Schrift »Musik als Ausdruck«, zwar
erst dreißig Jahre nach Hanslicks Schrift erschienen, aber
als Gegenschrift gedacht, die Antwort des »Wagneria-
ners« auf Wagners leidenschaftlichen Gegner, den
»Brahmsianer«, kehrt in der Tat den Ansatz Hanslicks in
sein genaues Gegenteil um: Für Hausegger ist das, was
jener als »pathologische« Wirkung aus der ästhetischen
Betrachtung auszuscheiden für nötig hielt, das »Gefühl«,
Ausgangspunkt und Ziel der Betrachtung. Das Wesen
der Musik ist für ihn Ausdruck, sonst nichts. Auch hier
sah Huber in der theoretischen Unterbauung ein Sym-
ptom des philosophischen Zerfalls der Zeit, ein Produkt
des philosophischen Naturalismus auf naturwissen-
schaftlich-biologischer Grundlage – eine allerdings sehr
kluge Anwendung der Darwinschen Entwicklungslehre:
Darwin folgend erklärt Hausegger die Musik als entstanden aus der Ausdruckssteigerung der Sprache (eine histo-
risch unhaltbare Anschauung), und alles, was sich später
in der Musik begibt, als gebunden an die körperliche,
sich in der Geste äußernde Reaktion auf eine innere Erregung. (Wobei sich eine bemerkenswerte Parallele zu den
Feststellungen Wölfflins für die bildende Kunst ergibt:
beide Male ist der Ausgangspunkt bei den physiologi-
schen Bedingungen der beiden Sinnesakte). Wichtige Erkenntnisse, wie etwa die Erklärung des vokalen Ausdrucks aus der Spannung der Stimme, stehen neben Un-
haltbarem: versucht ja Hausegger sogar die Formen der

Musik aus Beziehungen zum menschlichen Körper zu erklären, und behauptet er, daß unsere Tonsysteme aus dem Bedürfnis nach Klarheit des Ausdrucks entstanden seien, was für kein einziges Tonsystem zutrifft. Trotz dieser und vieler anderer Einwände gewann man aus Hubers Darstellung den Eindruck, daß Hauseggers im Gegensatz zu Hanslicks fast vergessene Schrift verdiente, wieder gelesen zu werden.

Das Semester ging zu Ende und es blieb Huber gerade noch Zeit zu einigen Bemerkungen über die ästhetischen Schriften Hans Pfitzners, dem er in seinen leidenschaftlichen Angriffen auf Paul Bekker recht gab, ohne zu verschweigen, daß sich im übrigen in Pfitzners Schriften eine Reihe von schwer auflösbaren Widersprüchen findet, vor allem ein merkwürdiges Schwanken zwischen einer »autonomen« Ästhetik, die den rein musikalischen Gehalt des »Einfalls« mit aller Entschiedenheit betont, und den – im übrigen geradezu genialen – Analysen, die ganz auf die Verdeutlichung des »Ausdrucks« angelegt sind, sowie die nicht unbedenkliche Scheidung zwischen »Einfall« und »Form«. – Man hätte gerne noch erfahren, was Huber zu gewissen neuesten musikästhetischen Theorien, etwa der von Halm und Kurth, zu sagen hatte.

So blieb auch diese Vorlesung wie so manches andere ein Fragment. Die Pyramide dieses Lebens war so breit begonnen, daß vielleicht auch sehr langes Leben nicht hingereicht hätte, sie zu vollenden. Möge es gelingen, aus dem wenn auch nur im Entwurf Vorhandenen so viel wie irgend möglich für die Wissenschaft zu retten!

DIETER IHLE und WERNER HOLZMÜLLER

Naturwissenschaftlich-technische Arbeiten von Kurt Huber – der Universalanalysator

Die wissenschaftliche Vielseitigkeit und schöpferische Aktivität von Prof. Dr. Kurt Huber kommt insbesondere auch in seinen naturwissenschaftlich-technischen Forschungsarbeiten zum Ausdruck. Sie lassen sein umfassendes und tiefes Verständnis naturwissenschaftlicher Probleme sowie seine Originalität und technische Befähigung erkennen. Ausgangspunkt dieser Arbeiten sind seine Studien über Probleme der Klanganalyse auf den Gebieten der musikalischen Akustik und Phonetik. So schreibt er: »Mit einer Untersuchung über die Mischung gesungener Vokale seit langem beschäftigt, hatte ich mir die Aufgabe gestellt, die durch Abhören gewonnenen Ergebnisse der Mischung von okalschwingungen einer exakten physikalischen Nachprüfung zu unterziehen. Es galt also den objektiven Nachweis zu erbringen, daß die aus der physikalischen Mischung zweier Vokale entstehenden Vokalempfindungen genau einer Schwingung entsprechen, die sich aus diesen beiden Komponenten superponiert. Mischen sich z. B. ein A und ein E bestimmter Tonhöhe und Stärke zum Vokal O, so war zu zeigen, daß die Superposition der beiden Vokalschwingungen eine O-Schwingung ergibt.«
Eine wesentliche Forderung an die physikalische Registrierung von Vokalmischungen war die Sichtbarkeit der Schwingungen während des Schwingungsvorgangs.

Gleichzeitig sollte eine sehr genaue Analyse und Messung von Einzelschwingungen und Schwingungspositionen ermöglicht werden. Über Jahre hinweg begleiteten Kurt Huber, gemeinsam mit seinem Mitarbeiter Dipl.-Ing. Max Stuber, die Pläne und Entwürfe für die Konstruktion einer entsprechenden praktikablen Vorrichtung. Ein wichtiges Anliegen war dabei auch die Schaffung »universaler Anwendungsmöglichkeiten auf den verschiedensten wissenschaftlichen und praktischen Gebieten«. So entstand 1933 der Universalanalysator, eine Erfindung »zum Sichtbarmachen, zur Analyse und Messung von Schwingungen, insbesondere von Tonschwingungen«.

Bei dem von Kurt Huber entwickelten Klanganalysator handelt es sich um einen mechano-optischen Wandler zur Untersuchung von Schwingungen aller Art. Das Prinzip ist kurz geschildert das folgende:

Eine dünne, stark gedämpfte, trägheitsarme und rechteckige Glimmerscheibe wird durch akustische Wellen ohne Verzögerung in synchrone Schwingungen versetzt. Dabei kommt es nicht nur zur Anregung der Grundschwingung, sondern auch zu einer Schwingung dieser Membran in der Frequenz und proportional der Intensität aller auftretenden Oberschwingungen bis ca. 6000 Hz.

Mit einem aufgedampften sehr kleinen Silberspiegel werden die Schwingungen der Membran zur analogen Ablenkung eines auf den Spiegel gerichteten, gut fokusierten spaltförmigen Lichtbündels ausgenutzt. Das reflektierte Lichtbündel schwingt um eine Mittellage mit einer Amplitude, die der Amplitude der zu untersuchenden Schwingungen bzw. Oberschwingung proportional ist.

Die Frequenzanalyse wird mit dem Stroboskopprinzip bewerkstelligt. Dazu wird das schwingende Lichtbündel durch ein mit parallelen Schlitzen in gleichem Abstand versehenes und sich schnell bewegendes Stahlband mit genau bestimmbarer Frequenz der Lichtunterbrechungen gelenkt. Dabei wird der schmale Lichtstreifen so auf das bewegte Stahlband projiziert, daß er senkrecht zu den Schlitzen liegt.

Falls die Frequenz der Unterbrechungen mit der zu ermittelnden Frequenz der Grund- oder (bei Weiterführung der Analyse) einer der Oberschwingungen übereinstimmt, zeichnet der Lichtstreifen eine stehende Abbildung der Schwingungskurve. Bei einer kleinen Differenz zwischen Unterbrechungsfrequenz und zu messender Frequenz wandert die Kurve langsam in bzw. entgegen der Bewegungsrichtung des Stahlbandes. Die so entstehenden Schwingungsbilder lassen sich durch weitere Spiegel auf einer Mattscheibe sichtbar machen bzw. photographisch registrieren. Das Stroboskop selbst besteht aus zwei parallel zueinander rotierenden Zylindern, über die das mit Schlitzen versehene endlose Band gespannt ist. Die Umdrehungszahl läßt sich stufenlos verändern, wobei die Frequenz der Lichtunterbrechungen im Bereich von 0,25 bis 6000 Hz sehr genau gemessen wird.

Die Analyse einer gegebenen Schwingung erfolgt an Hand der ruhenden stroboskopischen Kurve. Aus ihrer Form läßt sich bei Änderung der Frequenz der Lichtunterbrechungen um ganzzahlige Vielfache der Grundfrequenz ersehen, welche harmonischen Teilschwingungen in der Gesamtschwingung enthalten sind. Weiterhin lassen sich die Teilschwingungen ihrer Frequenz und Amplitude nach aus dem Kurvenbild ermitteln. Enthält die untersuchte Schwingung eine zur gegebenen Grundfrequenz unharmonische Schwingungskomponente (d. h. ist ihre Frequenz kein ganzzzahliges Vielfaches der Grundfrequenz), so wandert sie bei der stroboskopischen Beobachtung durch die stehende Kurve der harmonischen Schwingung. Die Frequenz der unharmonischen Teilschwingung läßt sich leicht mit Hilfe der kontinuierlichen Änderung der Frequenz der Lichtunterbrechungen bis zum stroboskopischen Stillstand bestimmen.

Neben dem eben beschriebenen Verfahren zur Aufnahme und Analyse von Schwingungen gestattet es die Konstruktion des Analysators, auch modifiziert Schwingungsspektren aufzunehmen: Anstelle eines schmalen Lichtstreifens wird ein Lichtbündel von deutlich rechteckigem Querschnitt auf den Spiegel der schwingenden Membran gelenkt. Beim Durchgang des Lichtbündels durch das bewegte Stahlband entsteht im Falle der Übereinstimmung zwischen Bandspalt- und Schwingungsfrequenz ein stehendes Schattenspektrum. Dieses Spektrum besteht aus Abbildungen der beleuchteten Bandspalte in verschiedener Intensität, deren Lage Auskunft über die Frequenzen der in einer Gesamtschwingung enthaltenen harmonischen Teilschwingungen gibt.

Der Analysator ermöglicht nicht nur die Darstellung und Analyse von akustischen Schwingungen, sondern auch von elektrischen Schwingungen. Zu diesem Zweck wird die akustische Spiegelmembran durch eine entsprechende elektrische Anordnung (z. B. Lichtrelais) ersetzt.

Für den Universalanalysator wurden von Kurt Huber Anwendungsbeispiele auf den verschiedensten Gebieten vorgeschlagen. Der Analysator eignet sich besonders zur

Klanganalyse aller Instrumente, aber auch der menschlichen Stimme. Dabei kommt der exakten Bestimmung von Tonhöhen (Messung und Stimmung von Instrumenten), der Reinheitsbestimmung von Tönen, der Untersuchung von Klang- und Vokalmischungen aller Art sowie der Analyse von Geräuschen auf ihre Hauptfrequenzen besondere Bedeutung zu. So kann z. B. die Analyse von Klangmischungen bei der Qualitätsprüfung von Instrumenten sowie bei der Untersuchung der Registermischung von Orgeln angewandt werden.

Besonders hervorgehoben seien hier die von Kurt Huber aufgezeigten reichen Anwendungsmöglichkeiten des Schwingungsanalysators im Gebiet der Phonetik. Die Analyse von Stimme und Sprachlauten, insbesondere von gesungenen, gesprochenen aund geflüsterten Vokalen und Vokalmischungen, ist ein Spezialfall der Klang- und Geräuschanalyse. Beispielsweise hat der Einsatz des Analysators in der Gesangspädagogik den Vorzug, daß man sich über die komplizierte Teiltonstruktur eines gesungenen Vokals während des Singens sofort orientieren kann. Weiter schreibt Kurt Huber:

»Es ist ein Leichtes, gesunde und kranke, gute und schlechte Stimmen in allen Lagen und Registern, für alle Sprachlaute in ganz kurzer Zeit auf ihre akustische Struktur zu untersuchen; ja der besondere Vorteil besteht darin, daß jedermann seine eigene Stimme in allen ihren Leistungen unmittelbar zu untersuchen vermag. Dem wissenschaftlichen Phonetiker, wie vor allem auch dem stimmbehandelnden Arzt bietet der Apparat ideale Untersuchungs- und Prüfungsmöglichkeiten, insbesondere als diagnostisches Hilfsmittel für Stimmstörungen und Stimmkrankheiten in der Hand des praktischen Arztes, vorzüglich des Hals-, Nasen- und Ohrenarztes. Hinzuweisen ist jedoch darauf, daß der Apparat nicht nur als diagnostischer und prognostischer, sondern mannigfach als Behandlungsapparat Anwendung finden kann.

Die psychologischen Grundlagen dieser Anwendung sind in einigen Worten zu skizzieren. Niemand kennt seine eigene Stimme, erst recht nicht der Stimmkranke. Er kann entscheidende Mängel seiner Stimme und Artikulation unter Umständen mit dem eigenen Ohr gar nicht kontrollieren und so auch nicht abstellen. Hier tritt das Auge und das objektive Schwingungsbild vikariierend ein. Der Arzt gibt mit seiner Stimme das Vorbild, das der Patient bei seinen Übungen erreichen muß. In der Einübung auf dieses Kurvenbild erreicht der Patient nach einiger Vertrautheit viel leichter eine Beeinflussung seiner Artikulation als nach dem in diesem Punkte nicht zuverlässigen Gehör.

An einem ganz extremen Fall, an Taubstummen, habe ich den Wert dieses vikariierenden optischen Lernens mit unerwartetem Erfolg erprobt. Der Taubstumme spricht fast allgemein ohne charakteristische Sprachmelodie in ungefähr derselben Lage, da er kein unmittelbares Tonhöhenempfinden besitzt. Durch Einübung auf die Erreichung des Stillstands auf verschiedener Frequenz gelingt es überraschend schnell, ihm die artikulatorischen Empfindungen und entsprechenden Innervationen für weitgehende Tonhöhenänderungen indirekt beizubringen, wodurch sich seine Sprache wesentlich bessern läßt.

Dasselbe Verfahren ist – natürlich viel leichter – auf jede Behandlung von Stimmerkrankungen, vor allem auf das Sprechenlernen Kehlkopfoperierter anwendbar. Ein

dem letzten Zweck dienendes Verfahren arbeite ich zur
Zeit mit Geheimrat Gluck – Berlin aus«.

Im folgenden seien weitere von Kurt Huber ins Auge ge-
faßte Anwendungsgebiete genannt, die die universalen
Einsatzmöglichkeiten seines Gerätes illustrieren sollen.

In der Akustik läßt sich der Analysator mit Vorteil bei
der Messung der Schallausbreitung in geschlossenen und
offenen Räumen, der Schalleitung und der Schallabsorp-
tion sowie bei der Bestimmung akustischer Resonanzge-
biete, d. h. bei der Lösung wichtiger Aufgaben für die
Bauakustik, einsetzen. Außerdem »stempelt die große
Genauigkeit der stroboskopischen Einstimmung den
Analysator auch zum gegebenen Eichapparat für Nor-
malschallquellen«. Da die akustische Frequenzmessung
indirekt zur Messung mechanischer Spannungen, Deh-
nungen und Torsionen benutzt werden kann, »stellt der
Analysator einen akustischen Dehnungsmesser von bisher nicht erreichter Exaktheit dar«. Er gestattet die für
die Baustatik (Hoch- und Tiefbau) sowie für den Maschi-
nen-, Flugzeug- und Schiffsbau wichtige Messung varia-
bler Spannungen.

In der Elektroakustik kann der Universalanalysator als
Prüfgerät und Eichapparat (Bestimmung der Resonanz-
kurven und des Frequenzgangs) für elektroakustische
Sender, Empfänger und Verstärker Anwendung finden.

Auch in der elektrischen Meßtechnik besitzt der Analysator reiche Anwendungsmöglichkeiten. »In der Wech-
selstromtechnik kommt das ganze Gebiet der Wechsel-
strommessung in Frage, Messung von Frequenzen, Am-
plituden, Phasen und Analyse von Wechselströmen. Im
zweiten Hauptanwendungsgebiet der elektrischen
Schwingungen ergeben sich neue Problemstellungen für

die Fernmeldetechnik, drahtlose Telegraphie, Bildtelegraphie und Radiotechnik«.

Schließlich eignet sich der Analysator auch zur Messung und Analyse von mechanischen Schwingungen (z. B. bei Bauwerken, Fahrzeugen und Maschinen), falls man sie auf eine Membran überträgt.

Aus den genannten vielfältigen Einsatzmöglichkeiten des Analysators geht hervor, daß, wie Kurt Huber schreibt, »der Universalanalysator in erster Linie ein Apparat der Praxis ist, erst in zweiter Linie Instituts- und spezifischer Forschungsapparat. Aus diesem Gesichtspunkt heraus ist auf feste und solide Bauart, handliche äußere Form, leichte Transportmöglichkeit, unmittelbaren Anschluß an jedes Netz, endlich auf einfachste Bedienung in der Konstruktion nachdrückliches Gewicht gelegt«.

Die 1933 zum Patent angemeldete neuartige Gestaltung eines Stroboskops verbunden mit einem akustisch-optischen Wandler stellte damals eine wissenschaftliche Höchstleistung dar. Jetzt wird man das vorgeschlagene Prinzip nicht mehr anwenden. Die modernen Mikrophone bzw. piezoelektrischen Taster sind dem damals vorgeschlagenen Wandler in bezug auf Frequenzumfang, Genauigkeit und Herstellungskosten sehr stark überlegen. Durch selektive Verstärkung der interessierenden Schwingungen ergibt sich auch eine wesentlich einfachere Analyse. Der Siegeszug der Elektronik in unserer Zeit verdrängt die früheren mechanischen Systeme. Oszillograph und digital arbeitende Computer erledigen die Aufgaben der Schwingungsanalyse mit größter Präzision und Schnelligkeit. Jedoch würde sich heute das funktionstüchtige Modell des Universalanalysators vorzüglich als Ausstellungsobjekt oder Lehrmittel, z. B. im

Deutschen Museum, eignen, wäre es nicht 1944 durch einen Bombenangriff auf die Münchener Universität vernichtet worden.

Die Entwicklung der Elektronik hat jedoch die Aktualität der von Kurt Huber vorgeschlagenen Anwendungsbeispiele nicht geschmälert. Im Gegenteil, der Anwendungsvorschlag, den patentierten Schwingungsanalysator zur Verbesserung der Spracherkennung und Sprecherlernung von Hörgeschädigten einzusetzen, scheint uns besonders gegenwartsnah. Man würde jetzt zur Registrierung und Analyse der akustischen Schwingungen statt der mechanisch-optischen Anordnung eine entsprechende elektrisch-optische Ausführung wählen. Ein diesbezügliches Verfahren wurde von Werner Holzmüller vorgeschlagen. Indem man von Hörgeschädigten stammende Vokale, Konsonanten und schließlich ganze Worte als Schwingungsbild aufzeichnet und fixiert und mit Phantombildern gesunder Menschen vergleicht, gibt man dem Kranken Übungsmaterial in die Hand, das schließlich zu einer optischen Erkennung des gesprochenen Wortes führen kann. In Leipzig wurde eine entsprechende Diplomarbeit begonnen, die aber wegen der Versetzung des mitarbeitenden Lehrers der Taubstummenschule in Leipzig nicht zu Ende geführt werden konnte. Sehr gut würde sich jetzt dazu die Kombination Mikrofon-Fernsehgerät-Videorecorder eignen, wobei der Videorecorder dann die Sprechversuche des Hörgeschädigten und die entsprechenden Aufzeichnungen eines Gesunden (Phantombild) speichert. Der Hörgeschädigte kann durch optischen Vergleich mit dem Bild seine eigenen Sprechversuche solange korrigieren, bis eine weitgehende Übereinstimmung mit dem Phantom-

bild eintritt. Ebenso kann er durch langes Üben die akustische Aufzeichnung optisch erkennen und damit visuell
Ton und Sprache seinem Bewußtsein zuführen.

Kurt Huber gab mit seinem Analysator die Anregung für
die genannten Möglichkeiten. Es entspricht ganz seinem
humanistischen Denken, daß er bereits 1933 diese Ent-
wicklungsmöglichkeit erkannte. Man kann heute bestimmt annehmen, daß er seine Erfindung in dem genannten Sinne zum Wohle der Menschheit eingesetzt
hätte, wäre er nicht das Opfer faschistischen Terrors geworden. Vielleicht können diese Ausführungen dazu
beitragen, jetzt 1986 die Arbeiten von Kurt Huber in diesem Sinne fortzusetzen und damit z. B. auch den Taubstummen eine außerordentliche Hilfe zu leisten.

KURT HUBER

Die Entwicklung des deutschen Volkslieds.
Eine musikgeschichtliche Skizze

Es ist noch nicht so lange her, daß der gebildete Deutsche der ebenso merkwürdigen wie unerschütterlichen Meinung war, echte »Volkslieder« singe nur der Deutsche. Erst die gewaltige Bewegung zum Volkslied, die kurz nach der Jahrhundertwende ganz Europa wie eine große Sturzwelle überflutete und in allen europäischen Ländern der Volksliedpflege und Volksliedforschung neuen Auftrieb gab, hat uns den Blick für das Singen unserer Nachbarn in Nord und Ost und Süd und West wieder neu geöffnet, von dem Herders »Stimmen der Völker« ausgegangen waren. Erst im lebendigen Vergleich mit den anderen Völkern – so lehrte Herder – tritt ja die Eigenart des eigenen Singens und Sagens als eines unmittelbaren Ausdrucks des volkshaften Wesens sinnfällig in Erscheinung.

Auch das Volkslied, anscheinend ganz ungeschichtlich, blühend und vergehend wie die Blume auf dem Felde, hat seine Geschichte. Ins Licht geschichtlicher Forschung tritt es freilich immer erst, wo es nicht mehr restlos aus sich selbst lebt, wo seine mündliche Tradition sich nicht mehr von selbst versteht, wo es – aufgezeichnet wird. Mit seiner Aufzeichnung aber wird es ein literarisches Produkt im weitesten Sinne, und schon darum irgendwie verfestigt und damit verfälscht. So entsteht der eigenartige Widerspruch in aller Volksliedforschung, daß sie gerade vom echtesten Leben ihres Gegenstands am wenigsten erfährt.

Aus dem unerforschlichen Dunkel des Nichtaufgezeichnetseins ragen nur verwehte Spuren deutschen Singens im frühesten Mittelalter in Berichten und kirchlichen Verboten hervor. Wir wissen wohl um die Heldenlieder aus germanischer Vorzeit, die hochangesehene Sänger an den Fürstenhöfen vortrugen, wir erfahren, daß noch im 13. Jahrhundert fahrende Spielleute, Blinde und Bettler vom Dietrich von Bern und dem hürnenen Siegfried zu singen wußten, daß die vordringende Kirche Verbote um Verbote gegen die altheidnischen Festtänze und ausgelassenen »wineliet« des Volkes und der höheren Stände häufte, doch die Weisen sind unwiederbringlich verloren. Davon, wie sie geklungen haben mögen, können – mit Vorbehalt – älteste überlieferte Melodien des skandinavischen Heldenliedes ein dürftiges Bild geben. Vielleicht aber sind auch die ältesten Balladentöne, die freilich erst im 16. Jahrhundert aufgezeichnet wurden, wie etwa der »Hildebrandston«, in ihrem strengen Zeilenaufbau und ihrer pentatonischen Struktur jenen alten Heldenliedern nicht ganz so ferne, wie wir zunächst glauben möchten. Haben sich doch auch Spuren sicher uralter Tanzballaden mit dem charakteristischen germanischen Kehrreim in Lothringen und am Niederrhein bis zum heutigen Tage erhalten.

Ins Licht der Aufzeichnung und damit historischer Prüfung heben sich erstmals vom 11. Jahrhundert an geistliche deutsche Volksweisen, das Fragment »Nu sis wilkommen, hero Krist« und das liebliche »Josef, lieber Josef mein«, die herrlichen »Leisen« des Osterliedes »Christ ist erstanden« und der Geißlerbrüder um 1340,

in denen das Volk dem Kyrieeleisonruf der Kirche eigene
deutsche Singzeilen in dem ihm vertrauten Rhythmus des
germanischen Hebungsverses anbildet. Wie lebendig gewordene Glockenschläge schweben diese Gesänge auf jener uralten fünftönigen (pentatonischen) Leiter auf und
nieder, deren Ausschnitten wir in ganz Mitteleuropa und
Zentralasien heute noch in den letzten Spuren begegnen:
In alten deutschen Sprachinseln des Balkans wie in
Schottland und Wallis, in Lothringen und am Niederrhein wie in der Provence, den Pyrenäen und in Skandi-
navien.
Von dem sicher reichen weltlichen Liederschatz dieser
frühen Zeit sind uns Melodien nicht dokumentarisch erhalten. Doch manche erst im volksliedfrohen 16. Jahrhundert aufgezeichneten Tanzlieder lassen kaum einen
Zweifel, daß diese köstlichen Dudelsack-, Drehleier-
und später Pfeiferweisen pentatonischer Haltung der
Zeit der deutschen Leisen und des englischen Sommerka-
nons angehören. So schließt sich das älteste deutsche
geistliche und nachweisbare weltliche Volksliedgut wohl
restlos einem mitteleuropäischen Kreis früher pentatonischer Volksmelodik an.
Vom 12. Jahrhundert an tönt aus der sonnigen Provence
mit ihren hochgebauten Burgen höfischer Minnesang
über die Lande, in den deutschen Gauen lebhaften Wi-
derhall erweckend. Doch erst mit dem Absterben des
deutschen Minnesangs, von der Mitte des 14. Jahrhunderts an, beginnt, in der Form zum Teil aus dem Minnesang erwachsend, jener unerschöpfliche Quell volkhaft
edler Liedkunst zu strömen, den wir heute als »altdeut-
sches Lied« zu bezeichnen gewohnt sind. Das 15. Jahrhundert stellt die Hochblüte dieser Volkskunst, den Gip-

Auf Wanderschaft

Auf Wanderschaft

felpunkt deutscher Volksliedkunst überhaupt dar. Un-
bezweifelbar hat der deutsche Süden zunächst die Führung. Es ist nicht die in allem Reichtum schlichte, wun-
derbar abgeglichene Form der Liedweisen als solche,
sondern der unbegreiflich edle, reine Geist dieses Singens, der Minnelieder wie »All mein Gedanken die ich
han«, der Abschiedslieder wie Ysaacs »Innsbruck ich
muß dich lassen«, der dem etwas schlüpfrigen Tagelied
und dem einfachsten Tanzreigen das Gepräge ganz großer Kunst verleiht. Tongewordene Mystik möchte man
selbst das weltliche Lied dieser Periode nennen. Kein
Wunder, daß die größten niederländischen und deutschen Meister der Zeit sich nicht scheuten, diese Volksweisen wie kostbare Kleinodien in das Rankenwerk ihrer
hohen kontrapunktischen Satzkunst zu fassen. Kein
Wunder auch, daß diese musikalische Sprache der Volks-
seele des 15. Jahrhunderts im evangelischen Choral Lu-
thers die Muttersprache reformatorischer Religiosität geworden ist.

Noch einmal, in den Nöten des durch den Dreißigjährigen Krieg zerstörten Deutschland hat das deutsche Volkslied in Trutzliedern wie dem schönen »Edles Teutsch-
land, schlafest du«, in dem tiefsinnigen Sterbelied »Es ist
ein Schnitter, der heißt Tod«, oder in dem kraftvollen
Soldatenlied vom »Prinz Eugen« sich zu der Größe altdeutschen Singens erhoben. Nach 1700 tritt, scheinbar
ohne Verbindung mit dem Alten, das neuere deutsche
Volkslied an dessen Stelle. Zugleich tut sich immer deutlicher eine Kluft auf zwischen dem dem Volksbewußt-
sein sich mehr und mehr entfremdenden Kunstlied und
dem Eigenleben des einfacheren Volksliedes. Sie ist nur
das musikalische Widerspiel des sich verschärfenden Ge-

gensatzes zwischen den Trägern gelehrter Bildung und
dem einfachen Mann aus dem Volke, der die deutsche
Gesellschaft des 18. Jahrhunderts zeichnet.

Dies neuere deutsche Volkslied, anscheinend dem alten
Liede des 15. Jahrhunderts so gar nicht wesensverwandt,
kann doch seine Herkunft aus der Tanzmusik und der
Bläsermusik des ausgehenden Mittelalters nirgends verleugnen, mit der es in tausend Fäden zusammenhängt.
Zugleich aber erhält es wichtige Züge der äußeren Form
durch die ins Volk dringende Kunstmusik des 17. und 18.
Jahrhunderts. Der alte »Deutsche Tanz«, im 17. Jahrhundert vornehmer »Allemande« benannt, ein schlichter
Schreittanz im Geradtakt, meist mit einem »Nachdantz«
im Springtakt, ist die Wurzel vieler Lieder des 18. Jahrhunderts, die noch heute, wie das berühmte »Drei Lilien,
drei Lilien« in aller Munde leben. Die Bläsermusik liefert
ihrerseits die einfachen Kernmotive unendlich vieler Lieder und vor allem jenen höchst charakteristischen zwei-
stimmigen »Bläsersatz«, der dem neueren Volkslied bis
zum heutigen Tag eignet. Mitteldeutschland und besonders Franken ist die Heimat jener Bläserweisen, die an
Zahl und Verbreitung im 18. Jahrhundert bald die reinen
Tanzlieder zurückdrängen und tatsächlich einen Haupt-
bestandteil unserer heutigen größeren Volksliedsamm-
lungen darstellen. Der elsässische Volksliedforscher
Weckherlin hatte daher nicht so unrecht, wenn er, auf
dies ihm fast allein bekannte mitteldeutsche neuere
Volkslied blickend, das deutsche Volkslied »ein Arsenal
von Bläsermelodien« nannte.

Im Bläsersatz und in der Tanzmelodik des mitteldeutschen und des süddeutschen Liedes kommt auch jene für
das neuere deutsche Volkslied so charakteristische Wen-

dung zur Durtonalität mit einer Ausschließlichkeit zum
Durchbruch, die in keinem anderen mittel- oder nordeu-
ropäischen Volksliedbestand eine Parallele hat. Auch in
dieser Entwicklung ist der deutsche Süden und Mitteldeutschland führend. Sehr viel langsamer, gleichsam wi-
derstrebend, folgt Niederdeutschland dem Prozesse der
»Verdurung« des Volksliedes, der in Restgebieten wie
der niederrheinischen Landschaft und in Lothringen wie
in früh von der Heimat abgeriegelten deutschen Sprachinseln nie zu vollem Abschluß gelangt ist.

In der Entwicklung des neueren deutschen Volkslieds
vollzieht sich auch greifbar eine ganz bestimmte Scheidung des Liedbestands in hervorstechende landschaftliche
Typen, welche das Bild des heute noch lebendigen Volkslieds aufweist. Man mag eine beliebige Volksliedsamm-
lung Frankens, Schwabens, Thüringens, der deutschen
Schweiz und Badens, kurz des größten Teils von Mittel-
und Süddeutschland zur Hand nehmen und wird die au-
genfällige Gleichheit des Liedbestands und des Liedstils
dieser Landschaften unvoreingenommen feststellen
müssen. Wie die ursprünglich süddeutsche Hochsprache
vom 16. bis zum 18. Jahrhundert in ihrem Vorstoß nach
Norden die niederdeutschen Mundarten verdrängte, so
hat dies »mitteldeutsche Lied« nach und nach das ältere
niederdeutsche Tanzlied und alle älteren Liedformen an
die Ränder und Grenzen des deutschen Sprachgebietes gedrängt. So hat sich der heute noch besonders rein niederdeutsche Tanzliedtypus mit der dem Niederdeutschen so
eigenen sparsamen, stufigen Bewegung erhalten; so hat das
schlesische Lied in seit Jahrhunderten sich vollziehender
Eindeutschung slawischer Formen sich einen eigenen Lied-
stil von bezwingender Weichheit der Linien bewahrt.

Und während im Bild des ganzen übrigen deutschen
Volkslieds das Moll fehlt, weisen die Restgebiete des
Niederrheins und Lothringens heute noch jene eigenartig
zwischen Dur und Moll spielende Melodik auf, die uns
aus Brahms' herrlichen Bearbeitungen etwa des »Schwesterlein, Schwesterlein« oder seiner Variation von »Ver-
stohlen geht der Mond auf« geläufig ist. Gerade diese
Melodien lassen sich, wie manche skandinavische Parallelen, nur aus einer unmittelbaren Übernahme altgerma-
nischer pentatonischer Melodien in die neue Zeit erklären.
Wie an einer Mauer endlich hat sich der Vorstoß des mitteldeutschen Liedes an der geschlossenen bairisch-österreichischen Landschaft gebrochen, die eine vom übrigen
deutschen Sprachgebiet durchaus abweichende Liedent-
wicklung genommen hat. Der ursprünglich wohl in ganz
Süddeutschland verbreitete Rundtanz des Landlers und
der alpenländische Jodler haben die Melodik des »bajuvarischen Volkslieds« geformt, der urgermanische Vierzeiler des »Schnaderhüpfls« bildet dessen dichterisches
Urelement. Durch die volksnahe Übernahme seiner Stil-
elemente durch Haydn, Mozart, Beethoven, Schubert
und nicht zuletzt Bruckner ist der bajuvarische Landler
im Menuett und Scherzo der Wiener sinfonischen Klassiker zu einem nicht mehr wegzudenkenden Bestandteil
höchster deutscher sinfonischer Kunst geworden. Auf
seinem Siegeszug durch Deutschland und gar als Wiener
Walzer über die ganze Welt hat er sich freilich in hun-
dertfünfzig Jahren manche merkwürdige Wandlung und
Verkleidung gefallen lassen müssen, die mit seinem ur-
sprünglichen Wesen nichts zu tun hat. So kommt es, daß
gerade im bajuvarischen Volkslied eine Erscheinung auf-

tritt, die im übrigen deutschen Volkslied nur in Spuren nachweisbar ist: Die unechte Nachahmung seiner Züge, der Volkslied-Kitsch eines Salontirolertums, den auch heute noch der Uneingeweihte für eine echte Münze nimmt.

Es ist zu allen Zeiten ein Vorrecht des echten deutschen Volkslieds gewesen, in der Arbeit größter deutscher Meister in die Gefilde höchster Kunst aufzusteigen. Dies gilt nicht nur von den Cantusfirmus-Meistern des 15. und 16. Jahrhunderts und den Wiener Meistern der Sinfonie. Es gilt ebenso von dem in aller italienischen Formung volksliedhaft deutschen Schaffen eines Hassler und Schein im 17. Jahrhundert. Die Kunst eines Schütz und zuvörderst Bachs steht durch das Mittelglied des evangelischen Chorals mit dem altdeutschen Liede in innigster Wesensverbindung, und man braucht nicht auf die Bauernkantate zu verweisen, um Bach als Mann des deutschen Volkes zu zeichnen. Wo Schubert, wie in den unerreichten Liederzyklen der »Müllerlieder« und der »Winterreise«, im deutschen Volksliedton musiziert, hat er das Lied seiner schlesischen Ahnenheimat vor Augen, durch die genialen Klaviertanzinspirationen des jungen Schumann pulst der slavisch-deutsche Rhythmus des altschlesischen Tanzes. In Brahms' Musik lebt die eigentümliche Reinheit und verhaltene Kraft niederdeutschen Wesens, die einen Schumann zutiefst ergriff. Seine Vorliebe für das Molldur des niederrheinischen Volkslieds berührt sich freilich mit jener viel zu wenig gewürdigten Hinneigung zu pentatonischer Harmonik, die seit den Tagen der Wiedererweckung Ossians und des schottischen Volkslieds die ganze deutsche Kunstmusik durchzieht und in den pentatonischen Gefügen des Wagnerschen heldisch-germanischen Musikdramas eine letzte Gipfelung erreicht.

Damit mündet zugleich unser skizzenhafter Überblick in die Anfänge deutscher Volksmelodik zurück in die Anfänge jener großartigen Erneuerung deutschen Volksliedgeistes, die von Herders Wirken ihren Ausgang nahm.

Als im Jahre 1772 Herder, durch Ossians Gesänge und die keltische Bardenkunst angeregt, in flammenden Worten zur Sammlung des deutschen Volksliedguts rief, als der junge Goethe im Elsaß zu sammeln begann, da wußten beide noch kaum um dies blühende Leben des Volkslieds, das sie umgab. So ferne waren die Kreise der Bildung dem wahren volkshaften Leben! Erst ihre Nachfolger bergen im 19. Jahrhundert die lebendigen Volksliedschätze aller deutschen Landschaften und die letzten Reste altdeutschen Singens nach und nach in die Scheunen. Die Zeit der großen wissenschaftlichen Sammlungen beginnt; doch gleichzeitig wecken prächtige volksnahe Männer wie der Schwabe Silcher, der Rheinländer Zuccalmaglio, Erk, Böhme und viele andere in den breiten Massen des singenden Volkes wieder die Liebe zum Volkslied. Doch Wiedererweckung des Volkslieds von oben ist noch kein Leben des Volkslieds aus der Kernsubstanz des Volks, und das deutsche Volkslied wäre vielleicht unter den Händen seiner besorgten Pfleger doch langsam eines sanften Todes gestorben, wäre nicht an zwei Stellen aus dieser Kernsubstanz selbst die Erneuerung gekommen: Im deutschen Norden aus der Sehnsucht deutscher Wandervogeljugend nach Lebensvertiefung im echten deutschen Volkslied, im deutschösterreichischen Süden aus einer weit volksnaheren bäuerlichen Anknüpfung an eine noch überreiche Tradition, der Josef Pommer den glücklichsten Auftrieb gab. Beide Volksliedbewegungen verschmelzen sich weitgehend in dem Deutschland von heute zur Einheit, daß wandernde Jugend nach der Jahrhundertwende aus eigener Kraft die in Sammlungen vergrabenen Schätze des altdeutschen Liedes in ganz neuer und eigenwilliger Form wieder zu dem Seinen macht, lenkt den Blick eines ganzen Volks wieder auf das unvergleichliche Erbe der Väter. Jugend, die vor Jahrzehnten ahnungssicher genug war, die Welt des wandernden Scholaren vor vierhundert Jahren sich zu ersingen, ist heute kühn genug, das Volkslied der allerletzten Zeit in seiner bänkelsängerischen Form mit der urwüchsigen Kraft ältester pentatonischer Weisen zu einer neuen Einheit zu verschmelzen.

Wo ein Volk sich selbst wieder findet, findet es auch den Ausdruck seines neuen Seins in neuem Liede. Da erneuert es weiterschaffend aus dem Schatze des Vergangenen, was ihm lebensfähig dünkt. Es tut dies mit der unbewußten Bildungskraft der Pflanze, die aus dem fruchtbaren Erdreich vergangener Geschlechter Bildung nach einem geheimnisvollen Lebensplan in sich verjüngt.

(aus: Lieder, Land und Leute. Musi, Tanz und Gesang in den bairisch-österreichischen Bergen, hrsg. v. Wilfrid Feldhütter, München 1980 (Süddeutscher Verlag), S. 205–212)

Gedichte

Der Globus

Sieh! Dieser Kugel wundersame Welt,
Die unser kleines Schicksal in sich hält,
Ist in viel tausender Gestirne Sein,
Und doch auf ihre eigne Bahn gestellt.

So, liebes Kind, ist auch dein junges Leben
Ganz an der andern Leben hingegeben
Und zieht doch *seine* Bahn. Nur dir allein
Gehört's und will in dir beschlossen sein.

Uhrenreime

Am Morgen:

Sankt Georg war ein tapfrer Mann,
Kämpft' gegen Tod und Teufel an.
Drum mit Bedacht der Meister hat
Ihn fromm gesetzt aufs Zifferblatt.
Denn sieh: Ein Kämpfer ist die Zeit,
Der Teufel heißt – Bequemlichkeit.

Am Mittag:

Wenn überm Haus zuhöchst
Die liebe Sonne steht,
Froh ihrer Schläge Werk
Schon zur Vollendung geht.
Doch ruht sie nimmer aus,
Fängt gleich von neuem an,
Frägt jeden drin im Haus:
Und was hast *du* getan?

Am Abend:

Winter deckt die Wiesen weit,
Erde schläft im weißen Raum;
Ührlein tickt – du hörst es kaum,
Durch die Stube geht die Zeit.
Und sie schreitet Stund um Stund,
Mit dem Schicksal eng im Bund,
Still durch unsern Erdentraum
Fort in die Unendlichkeit.

Zur Mitternacht:

Sie ist die Ordnung eines Nichts, das war,
Der schmale Sattel deiner Gegenwart,
Und ein Gefäß, das, allen Inhalts bar,
Auch deiner tätigen Erfüllung harrt.   (die Zeit)

Enoch Arden

Zu der Dichtung von Tennyson, vertont von Richard
Strauß

»Weithin ziehn Klippen. Wo sie barsten, blieb
Ein Spalt, darinnen Schaum und weißer Sand –«
Aus dunklem Wogen löst sich schattenhaft
Ein tönend Bild – Feindküste Engelland.
Ja: Deiner Seele deutsches Nachgefühl
War selten noch in rein'rem Ton erklungen;
Des Enoch Arden rauhes Seemannslos
Hat uns ein Deutscher tief ins Herz gesungen.
Will ein unsel'ger Völkerhaß entzwein,
Wo Völker reden brüdergleiche Zungen?
Durft nicht an Shakespeares riesenweitem Geist
Sich deutsches Dichten frühlinghaft erneun?
Hat nicht an Ossians düstrem Bardensang
Sich sehnend erst das deutsche Lied erkannt?
Ahoi! Wir fahren gegen Engelland,
Allwo so mancher kernhaft deutsche Mann
In deutscher Not aus fremdem Trug und Schein
Den Weg zurück zu deutschem Wesen fand.

ALOIS WENZL

Erinnerungen an gemeinsame Arbeitsjahre und Arbeitsstätten mit Kurt Huber

Es war im Inflationsjahr, daß ich im philosophischen Colloquium Erich Bechers Kurt Huber zum ersten Male sah. Wie er als jüngerer Assistent neben dem in der Würde der vollen Reife stehenden edlen Becher saß, erweckte er zunächst den Eindruck des Jüngers neben seinem Meister. Aber seine eigene Stellungnahme vertrat er immer, auch Erich Becher gegenüber, und dieser wäre der Letzte gewesen, der etwas anderes erwartet hätte. Sein Gesicht war blaß, manchmal fast asketisch streng, dann wieder fast kindlich heiter, zugleich nervös und doch beherrscht. Wenn der jeweils vortragende Student seine Mission erfüllt, etwa über eine Neuerscheinung berichtet hatte, pflegte zunächst Becher selbst das Wort zu ergreifen, man wartete darauf; denn er verstand es meisterhaft klar zu machen, was im Referat unklar geblieben war, und zugleich Eigenes dazuzugeben. An der Diskussion pflegten dann, meist sie in Gang setzend, Pauli, Huber und ich uns zu beteiligen, jeder auf seine Art. Und die Hubers war kritisch, aber nicht skeptisch, knüpfte nicht selten an Einzelheiten an, war aber darum nicht kleinlich pedantisch, vielmehr handelte es sich ihm immer um ein Grundsätzliches, Wesentliches, worauf er zusteuerte, z. B. um das ihn viel beschäftigende Problem der Begründung des kritischen Realismus. In bezug auf Wesentliches aber machte er keine Konzessionen. Oft habe

Mit Hans Müller-Partenkirchen

Der Schreibtisch Kurt Hubers in Gräfeling

ich später diese Art an ihm wieder beobachtet, seine Neigung und Eignung, von einem konkreten Satz, an dem er den Zweifel ansetzte oder an dem er Anstoß nahm, auszugehen, das wesentliche Problem herauszuschälen und sich nicht von ihm abbringen zu lassen. So war es in der Kant-Gesellschaft, im Privatzirkel und nicht zuletzt in den langen Diskussionen, die wir oft im Gange des philosophisch-psychologischen Instituts hin und her wandelnd geführt haben. Ob man einig wurde oder nicht, eines hatte man gewonnen, eine originelle Einsicht in die Problematik. Ein Ausweichen vor ihr gestattete er weder sich noch anderen, auch wenn man zu keinem Ergebnis kam. So wird er es wohl auch in seinen Vorlesungen und Übungen gehalten haben. Was Kant vom Philosophieprofessor fordert, daß er nicht so sehr Philosophie als das Philosophieren lehre, traf auf ihn sicher zu.

Als Kollege konnte ich naturgemäß die von seinen Schülern gerühmte Lehrgabe weniger und seltener beobachten als diese. Aber immerhin, jahrelang hatte ich im psychologischen Praktikum an jedem Samstag Gelegenheit, mich von ihr zu überzeugen. Die Teilnehmer saßen in Gruppen von dreien bis vieren zusammengefaßt bei ihren Versuchen und Becher (später Alois Fischer), Pauli, Huber und ich gingen von Tisch zu Tisch, brachten die Dinge in Gang, korrigierten, erläuterten und zogen die Schlüsse aus den Ergebnissen. Und wenn man eben selber nicht beschäftigt war, konnte man zuhören, was der andere am Nachbartisch, den er besuchte, sagte, und man hörte gern, *wie* Huber es sagte: überaus lebendig und bei dem nicht ganz Stumpfen immer ein Wundern erzeugend, wieviel in den scheinbar oft so trockenen Versuchen steckte. Mancher, der die Experimentalpsy-

chologie ein wenig von oben herab betrachtete und be-
handelte, hätte Huber hören sollen, um zu sehen, wieviel
Zugang zu wirklich wertvollen Fragestellungen und
Schlüssen psychologischer Art sie liefern kann.

Selbst pflegte er freilich scherzhaft zu sagen, das psychologische Praktikum mache er nur mit dem Kleinhirn, es
wiederholten sich ja alle Semester die gleichen Versuche,
aber er belebte sie immer wieder. Insbesondere fielen ihm
die akustischen und musikalischen Versuche zu über die
Empfindlichkeit für akustische Reize und Unterschiede,
über Wahrnehmung oder phantasieentsprungene Bildung von rhythmischen Gestalten, über das Heraushö-
ren oder Hineinhören von einzelnen Tönen aus Akkor-
den, die Analyse von Vokalen usw. Jedenfalls, die
Selbstironie vom Kleinhirn war nicht wörtlich zu nehmen, sie konnte nur heißen, daß er keinerlei Vorbereitung mehr bedurfte, aber die Problematik interessierte
ihn offenbar selbst immer wieder und er ließ die Hörer
teilnehmen an dem Fortschritt seiner eigenen Gedanken.

Von unseren philosophischen Privatdiskussionen möchte ich auf zwei, die mir als besonders eindrucksvoll und
charakteristisch für ihn in der Erinnerung aufsteigen,
hier hinweisen. Die eine betrifft das Problem des Realismus. Er war nicht einverstanden damit, daß Erich Becher
den Realismus auf die Regelmäßigkeitsvoraussetzung
gründen wollte. Das wäre ja nur eine Voraussetzung,
eine Setzung oder auch eine Hypothese gewesen. Der
Realismus mußte auf das Erleben zurückgehen, das später Nikolai Hartmann das der Betroffenheit nannte, das
aber nicht, wie Huber in der Diskussion zu Hartmanns
Vortrag auf der Kanttagung später erklärte, etwa nur
durch einen Schlag, der allerdings sozusagen der schla-

gendste Beweis für die Außenwirklichkeit sei, hervorgerufen zu werden brauche, sondern auch schon durch eine Wahrnehmung hervorgerufen werden könne, die ja ebenfalls bereits ein Erlebnis der Betroffenheit sei. Der Philosoph Huber konnte »theoretische« Erlebnisse des Schauens durchaus nicht als weniger bedeutungsvoll und vertrauenswürdig anerkennen als emotionale. Die zweite Erinnerung gilt der Klanganalyse. Schon dem einfachen Akkord entspricht eine Welle, in der sich eine Reihe von Schwingungen überlagert; der Reiz ist also eine sehr komplexe Schwingung. Wie ist es möglich, daß unser Gehörorgan die einzelnen Töne heraushört? Und wenn es ein Analysator ist, der auf jede einfache Schwingung reagiert, wie ist es möglich, daß wir sowohl den zusammengesetzten Klang wie die einzelnen Töne hören können je nach »Einstellung«? Die leibseelische Wechselwirkung ist also gar nicht erschöpfend beschrieben durch die Beziehung Reiz – Empfindung! Die Einstellungs- und Umstellungsfähigkeit läßt das Problem von einer neuen Seite sehen.

Im gesellschaftlichen Verkehr habe ich Huber in Erinnerung als konziliant, entgegenkommend, bescheiden, vielleicht zunächst, wie einem scheinen mochte, zu sehr bescheiden, dann aber deutlich in Grenzen eines berechtigten Selbstbewußtseins.

Mirok Li

Kurt Huber und das Ausland

Vor zwanzig Jahren in einem Wintersemester besuchte ich zum ersten Mal die Vorlesung von Professor Huber. Er las in einem mittelgroßen Hörsaal im zweiten Stock über Logik und Erkenntnistheorie. In der ersten Stunde war ich bangen Herzens dagesessen, da die Vorlesung die erste reinphilosophische war, die ich hörte, und meine Kenntnis in der deutschen Sprache noch nicht so groß war, um den tiefgedanklichen Auseinandersetzungen ohne Schwierigkeiten folgen zu können. Dann verstand ich aber doch ziemlich viel von seiner klaren Gliederung und sehr anregenden Darlegung der Probleme, daß ich den Mut faßte und den Besuch des Kollegs fortsetzte, das mir immer mehr Freude machte. Ich erinnere mich noch deutlich, mit welcher Freude ich in jeder seiner Stunden dagesessen war und ungeduldig gewartet hatte, bis der junge Professor in den Hörsaal trat und durch den schmalen Gang rechts des Saales zum Lehrpult schritt und wie groß die Enttäuschung war, wenn einmal an dem Hörsaaleingang die Bekanntmachung zu lesen war, daß seine Vorlesung aus irgend einem Grund wegfalle. So war es aber nicht nur bei mir, sondern bei allen Hörern. Viele Kollegen sagten, daß seine Vorlesung eine der besten der ganzen Universität sei und alle erschienen in jeder Stunde lückenlos bis zum Semesterschluß.

Genau so erging es bei seiner nächsten Vorlesung über

die Psychologie, die ich ebenfalls besuchte. Jeder freute sich über sie und keiner versäumte sie. Die Zahl der Zuhörer war größer geworden als im vergangenen Semester. Obwohl er in seiner freundlichen und kollegialen Art uns oft zur Diskussion anregte, beteiligte ich mich nur selten an ihr, weil es mir nicht leicht war, die Fragen und Antworten klar und präzis zu formen. Es fehlte mir auch an den nötigen Fachausdrücken, da ich, dem Hauptstudium nach der Biologie gehörend, nicht genug philosophisch vorbereitet war. So kam es, daß ich erst in den späteren Semestern, nachdem ich auch die Übung in der experimentellen Psychologie bei ihm mitgemacht hatte, mich ab und zu an ihn persönlich wandte, um zu diesem oder jenem Begriff eine nähere Erklärung zu erbitten. Er sprach einmal mit mir über Perzeption, ein anderes Mal über Entelechie und wieder ein anderes Mal über den Begriff Ganzheit. Jedesmal ließ er mich aber zuerst allein reden, während er nur zuhörte und mich betrachtete, was mich nicht sehr ermutigte, zumal er hie und da mir den Eindruck der leichten Müdigkeit erweckte. Wenn er aber danach selber zu sprechen begann, merkte ich, daß er meine Darlegungen Wort für Wort aufmerksam verfolgt hatte. Er setzte meine Gedanken genauer auseinander und beseitigte alle Irrtümer, die mir unterlaufen waren. Solche Diskussionen dauerten oft so lange, daß es mir leid tat, so viel von seiner kostbaren Zeit beansprucht zu haben. Er meinte aber, daß er sich freue, sich mit mir zu »unterhalten« und lud mich ein, bald wieder zu ihm zu kommen. Einmal sagte er sogar, daß er sich immer wieder über meine eigentümlich anschauliche Denkart freue. Ich wußte nicht, inwiefern meine Denkart anders war als die der anderen und worin die genannte Anschaulichkeit bestand. Mir kam aber deutlicher denn je zum Bewußtsein, daß gerade dieses andersartige Denken mir bisher viele Schwierigkeiten im Verstehen und manche Irrtümer verursacht haben konnte. Und da es zweifellos mit der Kultur und Tradition zusammenhing, in der ich aufgewachsen war, konnte es von mir selbst schwer erkannt werden. Umso dankbarer war ich ihm, daß er so duldsam mit mir verfuhr und mir half, Begriffe und Probleme immer klarer zu fassen. Diese hohe Lehrfähigkeit, bei jedem auf seine eigene Denkweise einzugehen und ihn dabei doch weiter zum nächsten Weg der Erkenntnis zu führen und die große Bereitschaft, unermüdlich zu helfen, waren wohl der Grund, weshalb seine ausländischen Schüler, von welchem Lande sie auch kommen mochten, alle mit größter Verehrung an ihm hingen.

Während all dieser Jahre hatte er mit mir nie über etwas anderes gesprochen als über philosophische und sonstige wissenschaftliche Themen. Selbst in den späteren Jahren, in denen ich oft in sein Haus kommen durfte und monatlich mehrere Abende bei ihm und seiner Familie verbrachte, bewegten sich unsere Gespräche zuerst nur innerhalb seiner Lehrgebiete. Das Hauptthema blieb für lange Zeit das Leib-Seele-Problem und wir kamen dabei oft auf Driesch und Becher zurück.

Wenn ich aber gelegentlich, besonders bei ethischen Fragen, Beispiele aus der östlichen Weltanschauung heranzog und einige Lehrsätze von Konfutse einflocht, freute er sich sehr darüber und wir sprachen daran anschließend viel von der chinesischen Philosophie und Kultur. Ich war froh darüber, daß ich damit ihm, dem Lehrer, dem ich so viel verdankte, etwas zur Unterhaltung beitragen konnte, was ihn anregte. So sprach ich bald von östlichen

Sitten und Gebräuchen, bald von Dichtung und Malerei, von Zeremonien und Musikinstrumenten und alles nahm er mit großem Einfühlungsvermögen entgegen.

Mit Aufmerksamkeit verfolgte er einmal die Entwicklung der Schriftarten in Ostasien, die ich in knapper Darstellung möglichst einprägsam zusammenstellte. Er betrachtete lange ein besonders schön geschriebenes Blatt mit einem chinesischen Vierzeiler, nahm dann den Pinsel in die Hand und schrieb bedächtig ein Zeichen davon ab. Freudig erregt sagte er dann: »Leibniz hat viel von dieser Schrift erwähnt, als er an eine Universalschrift dachte.« Ich sah indessen nur den Pinsel in seiner Hand. Mit diesem Werkzeug hatten unsere Ahnen die fünftausendjährige Kultur des Ostens geschaffen. Akademie nannte man dort Pinselwald und der Pinsel bedeutete Bildung und Stil. Diesen Pinsel in der Hand des westlichen Philosophen zu sehen ergriff mich tief.

Über ein schlichtes Zeitbild des chinesischen Mittelalters, das ich an Hand alter Zeichnungen und einfacher Gedichte zu skizzieren versuchte, begeisterte er sich sehr und er erzählte und beschrieb seinerseits ähnliche Zeiterscheinungen und Landschaftsbilder aus dem alten Griechenland, aus Deutschland, Frankreich und Spanien. Er liebte von allen Zeiten und Ländern die harmonische und stilvolle Lebensart. Da war er nicht nur der Philosoph, der um die reinsten Erkenntnisse der letzten Wahrheit rang, sondern auch ein Künstler, der alles Schöne mit Entzücken genoß, was unsere Erde ihm bot. Blieben wir bis in die tiefe Nacht bei ihm sitzen und erzählte ich etwas von der Han- oder Tangdynastie, dann schien es mir, daß er selbst die friedliche mittelchinesische Landschaft mit Trauerweiden und Ahornbäumen, die kleinen Städtchen und die reitenden Dichter vor sich sah. Still saß er da und hörte zu. Nur ab und zu füllte er die leeren Teetassen und reinigte die dicke Wachskerze, die er so liebte. Machten wir ihn auf die späte Stunde aufmerksam und wollten uns von ihm verabschieden, ergriff er unsere Hände und sagte: »Ach nein, bleiben Sie noch eine Weile da!«

Solche harmonische und beschauliche Stunden wurden aber immer seltener, da er mehr und mehr an der politischen Entwicklung der letzten Zeit litt und unser Gespräch immer häufiger zu ihrer Kritik zurückkehrte. Beim Abschied bat ich ihn oft, von den Geschehnissen der Zeit noch mehr Abstand zu nehmen, da sie zu sehr gegen sein Wesen gerichtet war. Ich sagte es nicht nur deshalb, weil ich mir wünschte, daß seine wertvollen Gedanken nicht an diese unseligen Erscheinungen verschwendet werden sollten, sondern noch mehr deshalb, weil jede kritische Bemerkung in seiner offenen Art ihn in Gefahr bringen konnte. Hatten doch bereits zahllose Deutsche deshalb ihr Leben eingebüßt.

Ich fühlte mit ihm und verstand wohl sein großes seelisches Leiden. Waren es doch die Ereignisse in seiner eigenen Heimat und bei seinem eigenen Volke, dem den rechten Weg zu weisen er als seine erste Pflicht empfand. Seine Freiheit und sein Leben hielt ich aber für zu wertvoll, um den heutigen Wirrnissen geopfert zu werden. Wertvoll, nicht nur für seine Heimat, sondern für die ganze Welt, der er mit seiner Forschung so viel gegeben hatte und mit der er geistig nicht weniger verbunden war als mit seinem Vaterland. Er liebte seine Heimat, ihre Berge und Flüsse, ihre Bauern und Handwerker, Künstler und Dichter. Deshalb zog er aber keine engen Grenzen zwischen den Völkern. Seine Lieder- und musikalische Forschung umfaßte die ganze alte Welt bis zu den Südseeinseln – und wie oft sprach er mit Begeisterung von den großen Kulturwerten bei anderen Völkern und Rassen. Diese Weite seines Wesens und die Herzenswärme, mit der er selbst bei Menschen aus fernsten Ländern nur die verwandte Seele suchte, erfüllte mich immer mit großer Freude, wenn ich ihn sehen durfte, besonders in den letzten Jahren, in denen die Außenwelt mit Ablehnung und Haß gegen alles Fremde erfüllt war. Welche Wohltat bedeuteten die Stunden, die er uns schenkte, für mich und für jeden, der nicht hier beheimatet war!

Die Schrecken der Zeit mehrten sich. Im Volk gab es keine freie Meinung und in den Hochschulen keine freie Wissenschaft mehr. Die Gefahr wurde immer größer für Menschen seiner Art. Ich hoffte inständig, daß er doch noch schweigen und in Stille warten möchte, bis die ungeistige Flut vorüber war und der reine Fluß wieder ans Tageslicht trat. Das war wohl zu östlich gedacht. Kurt Huber mußte einen anderen Weg gehen.

An einem trüben Märznachmittag hörte ich von seiner Verhaftung. Er hatte mit einem Flugblatt die Studenten aufgefordert, vom Staate die Freiheit des Volkes und die Freiheit der Forschung zurückzuverlangen. Damit hatte er das Schicksal selbst beschlossen, sein kostbares Leben für die Geistesfreiheit zu opfern.

Mit ihm verliert nicht nur seine Heimat, sondern die ganze Welt einen der größten und edelsten Forscher und Menschen, die unsere so vielgeprüfte Zeit beherbergt hatte.

CARL ORFF

Brief an Kurt Huber

Verehrter lieber Freund!

Nie im Leben schrieb ich Ihnen einen Brief. Sie waren da
und immer nahe und Ihr Dasein zu erleben war beglük-
kend.

Erinnern Sie sich noch unserer ersten Begegnung? – Sie
wollten mir Ihre neuen Aufnahmen bayerischer Volksmusik vorspielen. Ich wartete stundenlang auf Sie – endlich kamen Sie – Sie hatten die Verabredung wie auch die
Schallplatten, die Sie mitbringen wollten, längst vergessen.

Unvergeßlich bleibt mir aber dieser Tag.

Wir sprachen lang bis in die Nacht hinein, – und kamen
vom Hundertsten ins Tausendste.

Spät brachte ich Sie dann nach Hause, erinnern Sie sich
noch?

Damals wohnten Sie in Schwabing, am »andern Ende«
der Stadt. –

Nach Jahren fügte es sich, daß unsere Behausungen in
Gräfelfing in der gleichen Straße, nur mehr ein paar
Schritte voneinander lagen. Von da ab waren Sie zu keiner Tag- und Nachtzeit vor meinen Heimsuchungen sicher.

Seit meinem späten Erstling »Carmina Burana«, erlebten
Sie die Entstehung all meiner Werke mit; ich könnte mich

keiner »Urfassung« und keiner der oft vielfachen Wand-
lungen entsinnen, die wir nicht gemeinsam besprochen
hätten.

Selten, ganz selten sprachen Sie von Ihren *eigenen* Plä-
nen, viele haben Sie mir zeitlebens völlig verschwiegen,
besonders Ihre musikalischen Arbeiten verbargen Sie immer sorgfältig vor mir. Sie gingen fast ausschließlich nur
auf das ein, was mich bewegte.

Wenn ich denke, daß ich nie eine Ihrer Vorlesungen besucht habe, – Sie verstanden stets mich davon abzuhal-
ten: »Was Sie interessiert, kann ich Ihnen auch so erzählen« –, so kam mir erst spät die Größe Ihrer überlegenen,
verstehenden Güte ganz zum Bewußtsein.

Aus vielen Gesprächen und Erwägungen entstand unser
Plan, »Musik der Landschaft«, Volksmusik in neuen Sätzen, herauszugeben. Wir begannen mit den Liedern und
Tänzen aus dem bajuwarischen Raum. Die Ausgabe war
ein Ergebnis künstlerischer und wissenschaftlicher Zu-
sammenarbeit. Da lernte ich zum ersten Mal die Fülle
heimatlicher Musik von ihren Wurzeln her kennen.

Wie viele Stunden arbeiteten wir zusammen! Sie spielten
und sangen, wählten aus und sichteten, setzten »Zersun-
genes« wieder zurecht und verwarfen falsche Neuausga-
ben.

Wissen Sie noch, wie meine alte Aufwartefrau – sie war
im Bayerischen Wald beheimatet – eifrig an der Türe
horchte, als Sie die »Zwiefachen« spielten. Da holten Sie
die Frau ins Zimmer, tanzten mir ihr, pfiffen und sangen
dazu, und freuten sich, als die Alte Ihnen sagte, ganz genau so hätte man die Tänze in ihrer Jugend zuhause aufgespielt.

Das Heft der »Zwiefachen« war das Letzte, das in un-

serer Reihe erschien. Dann brach der Tanz für immer
ab.

»Catulli Carmina« war das letzte Werk, das ich Ihnen
vorspielen durfte. Wissen Sie noch, wie wir Plautus la-
sen?

Erinnern Sie sich noch der Nachmittage im Garten, wenn
im Frühsommer die ganze Wiese voll von Sternblumen
stand, wenn wir am kleinen Wasserbecken unter der Bir-
ke saßen – die Birken vor meinem Fenster liebten Sie besonders – und abends tranken wir letzten Chianti. –

Es war ein trüber Winterabend. Sie kamen noch spät,
verstimmt und niedergeschlagen aus der Stadt. Da erzählte ich Ihnen meinen Plan, die »Bernauerin« zu
schreiben. Eben hatte ich den ersten Entwurf beendet.
Noch während des Lesens empfand ich an Ihrem Mitge-
hen Ihre lebhafte Zustimmung. Dann sprangen Sie auf
und spielten das alte »Lied von der Bernauerin«. »Es muß
eine bayerische Ballade werden!«

Dann gingen Sie fort. –

Ich schrieb die »Bernauerin« im Gedenken an den fernen
Freund, der wie in geheimer Zwiesprache in all meiner
Arbeit immer so gegenwärtig war. Ich schrieb die »Bernauerin« in der alten Sprache, im alten bayerischen Dia-
lekt, den Sie so liebten, – ein Volkslied, das Sie oft spielten und sangen, ist in die Musik mit eingeflochten. – »Die
Bernauerin, ein bayrisches Stück« –

Sie waren fortgegangen, – es kamen die dunklen Tage,
Wochen, Monate –

>   »Dunker, ganz dunker,
>   stockdunker muaß's wern,
>   auf daß ma dös Liacht
>   wieda richti derkennt.«

So darf ich nun auf die letzte Seite der Partitur die Worte
setzen:
In memoriam Kurt Huber.
Bitte nehmen Sie diesen Freundesgruß und -dank als Zei-
chen meiner Verbundenheit entgegen. Allzeit
Ihr
Carl Orff

19.1.46

HANS-JOACHIM HECKER

Der Nachlaß Kurt Hubers

Die historische Wissenschaft hat schon seit geraumer Zeit den hohen Quellenwert privater Nachlässe erkannt. Die Erforschung und Darstellung unserer Geschichte, vor allem der jüngeren deutschen Geschichte, bedarf neben der Auswertung des amtlichen Aktengutes auch der systematischen Heranziehung von Aufzeichnungen der Zeitgenossen, sei es daß diese lediglich Beobachter des Geschehens waren oder daß sie selber an dem Geschehen aktiv teilgenommen haben.

Gerade für die Zeit der nationalsozialistischen Gewaltherrschaft bieten diese Zeugnisse privater Herkunft eine wertvolle und notwendige Ergänzung zu den Informationen, die die Akten der damaligen Justiz und Verwaltung enthalten. Aber nicht nur die Korrektur der amtlichen Quellen beweist den Wert der privaten Nachlässe, sondern darüberhinaus auch das, was wir in den amtlichen Akten selten finden, nämlich die schärfere Konturierung der Persönlichkeiten, die sich in den Aufzeichnungen, Notizen, Briefen und Manuskripten naturgemäß besser erfassen läßt als in den Quellen behördlicher Herkunft.

Beim Nachlaß von Prof. Kurt Huber ist dies ganz besonders der Fall. Seit 1983 befindet sich dieser Nachlaß im Stadtarchiv München. Damit ist für eine wichtige Quelle zur Geschichte der Weißen Rose die Möglichkeit der

wissenschaftlichen systematischen Auswertung gegeben.
Darüberhinaus erweitert dieser Nachlaß auch unser Wissen um bedeutende Kenntnisse zur Münchner Universi-
tätsgeschichte und darüberhinaus zur Geschichte der
Musikwissenschaft, der Volksliedkunde und der Philosophie in den Zwanziger und Dreißiger Jahren unseres
Jahrhunderts.

Kurt Huber war ein universal orientierter Wissenschaftler, wie ja auch seine in diesem Buch publizierten Äußerungen deutlich zeigen. Er hat sich in mehreren Diszipli-
nen, und damit auch in einer ja heute immer wieder ge-
forderten Art, interdisziplinär mit den Forschungspro-
blemen beschäftigt. Allein durch diese Beschäftigung in
Forschung und akademischer Lehre besitzt sein Nachlaß
eine qualitative Vielfalt, die sicher für die meisten Ge-
lehrtennachlässe untypisch ist.

Kurt Huber hat seine Aufzeichnungen, Konzepte, Brief-
entwürfe, Korrespondenzen und Materialien zu Veröffentlichungen grundsätzlich aufgehoben. Er hat dabei
eine systematische Ordnung entwickelt, die sich erhalten
hat und die auch die Grundlage für die Neuverzeichnung
im Stadtarchiv München bildet. Als Beispiel für die kon-
sequente Sammlung der Materialien zu den wissenschaftlichen Manuskripten sei angemerkt, daß zu einigen Manuskripten auch die Leihscheine der Bayerischen Staatsbibliothek erhalten sind, so daß wir ziemlich genau feststellen können, welche Literatur Kurt Huber jeweils her-
angezogen hat.

Von vielen Veröffentlichungen können wir die Genese
nachvollziehen, die sich in den verschiedenen Textfas-
sungen erhalten hat. Kurt Huber hat nicht etwa nur die
letztlich für den Druck verbindliche Fassung aufgeho-

ben, sondern auch die verschiedenen Entwürfe, Vorstufen und z. T. bruchstückhaften Konzepte und Notizen. Teile des Nachlasses sind allerdings schon in den vergangenen Jahren an andere öffentliche Institutionen gelangt. So besitzt die Musiksammlung der Bayerischen Staatsbibliothek den ungedruckten zweiten Teil der Dissertation über Ivo de Vento. Materialien zur Volksliedkunde hat die Bayerische Akademie der Wissenschaften erhalten. Das Gros des Nachlasses ist aber der jetzt im Stadtarchiv München befindliche Teil.

Der Nachlaß ist kurz nach Kriegsende unter Zugrundelegung der von Kurt Huber schon angelegten Systematik von dem Historiker Karl Alexander von Müller gesichtet worden. Diese Systematik soll auch grundsätzlich beibehalten werden.

Der Nachlaß gliedert sich nach den wissenschaftlichen Arbeitsgebieten Kurt Hubers. Es sind dies die Fächer Philosophie, Psychologie, Musikwissenschaft mit Musikgeschichte und Volksliedkunde. Einen eigenen Komplex bilden Arbeiten nichtwissenschaftlicher Art und die Korrespondenzen mit Kollegen und Schülern, die die Lehrtätigkeit betreffenden Unterlagen wie Inskriptionsbögen, sowie die mit der Hochschullaufbahn verbundenen Korrespondenzen und Aufzeichnungen. Der andere Teil dieses Komplexes betrifft die die Familie berührenden Briefe; insbesondere die letzten Briefe an die Frau und die Kinder müssen hier ausdrücklich genannt werden.

Eine Übersicht über die wissenschaftlichen Teile, die z. T. in Handschrift, z. T. in Maschinenschrift vorliegen, soll im folgenden die schon genannte Breite der akademischen Tätigkeit von Kurt Huber aufzeigen.

In der Philosophie sind hier besonders Arbeiten auf dem Gebiet der Logik, Erkenntnistheorie und Wissenschaftslehre zu nennen. Es existieren alphabetisch geordnete Notizen zur Erkenntnistheorie, zur Werttheorie, Teile einer Wissenschaftslehre.

Diese Materialien sind z. T. keine ausgearbeiteten Manuskripte, sondern Notizen und Zusammenstellungen für künftige Projekte und, vor allem, für die Vorlesungen. Als Beispiel sei erläutert, wie in der von Kurt Huber »Kant bis Hegel Vorlesungsnotizen« bezeichneten Mappe Verschiedenes enthalten ist. Im Wintersemester 1931/1932 hielt Kurt Huber eine dreistündige Vorlesung »Kant und der deutsche Idealismus«. Ihre Materialien haben sich in diesen Papieren erhalten.

Grundstock bildet ein Konvolut von teils maschinenschriftlichen, teils handschriftlichen Ausführungen zur Philosophie Kants. Die im DIN A5-Format geschnittenen Blätter sind mit einem Deckblatt, ansonsten aber lose, zusammengehalten. Auf dem Deckblatt steht von der Hand Kurt Hubers der Titel »Kant und der deutsche Idealismus. Notizen 1932, 1939.« Die Form der Blätter läßt vermuten, daß sie als Gliederungsstütze für die Vorlesung dienten. Die Sätze sind nicht immer ausformuliert, die Blätter meist nur einseitig beschrieben, z. T. auch querformatig.

Der Inhalt dieser Papiere erschließt uns die Quellen, aus denen Kurt Huber für seine Arbeit geschöpft hat. Z. B. Übersichten über die Kant-Literatur, mit z. T. sehr kritischen Anmerkungen (z. B.: »... inhaltlich nicht sehr bedeutend, pedantisch geschrieben. Der vorkritische Kant wird mehrfach falsch gesehen«). Daneben zeigt sich auch, daß Leibniz Kurt Huber schon damals immer wie-

der beschäftigt hat. Mehrere Blätter tragen die Überschrift »Leibniz und Kant«. Für die Beschäftigung mit
dem Buch über Leibniz, an dem Kurt Huber noch im
Gefängnis gearbeitet hat, stellen diese Vorstudien eine
äußerst wichtige Quelle dar. Reich sind auch die Manuskripte zu Leibniz. Zu dem, ursprünglich als Vortrag ge-
schriebenen, und 1946 publizierten Aufsatz »Leibniz
und wir« liegen die Entwürfe vor. Zum Leibniz-Buch
sind verschiedene Entwürfe zu den einzelnen Kapiteln
und auch Vorarbeiten, teils maschinenschriftlich, teils
handschriftlich, vorhanden. Eine Auswertung dieses
Materials dürfte sicher für Aussagen über Kurt Huber als
Philosophen überragende Bedeutung haben, da Leibniz
für ihn eine zentrale Figur in der Philosophie war. Mit
Leibniz hat er sich ja bis in die letzten Lebenstage noch
im Gefängnis beschäftigt.

Mit dem Psychologen und Philosophen Erich Becher
(1882–1929), bei dem er sich 1920 habilitiert hatte, beschäftigte sich Kurt Huber immer wieder. Becher, der
seit 1916 an der Universität München den Lehrstuhl für
Philosophie und Psychologie inne hatte, kam mit seinen
Forschungsgebieten den Interessen Kurt Hubers entgegen. Wie Huber war Becher sowohl naturwissenschaft-
lich als auch geisteswissenschaftlich orientiert. Neben
Hubers Manuskripten für den Nachruf auf Becher, für
die Schrift über die Philosophie Bechers und für den Aufsatz über dessen Psychologie ist auch eines über Becher
als Historiker vorhanden.

An Bechers Institut ist Huber Assistent gewesen. Zahlreiche Forschungen auf dem Gebiet der Psychologie waren die Frucht dieser Tätigkeit. Hubers Aufzeichnungen
geben ein Zeugnis ab über die Vielfalt seiner Forschungs-

interessen auch in dieser Wissenschaft. Der Nachlaß enthält folgende Materialien: Vorlesungen 1929–1935; Psychologie I–VI (systematisch gegliedert); Notizen und Ausführungen zur Denk-, Kriminal- und Religionspsychologie.

Im Rahmen der Psychologie war für den Musikwissenschaftler Huber naturgemäß die Ton- und Musikpsychologie ein hervorragend geeignetes Forschungsgebiet. Aus den Jahren 1919 und 1920 sind Manuskripte zur Tonpsychologie erhalten. Damit im Zusammenhang stehen auch die zahlreichen Arbeiten zur Vokaltheorie. Hierzu gehören auch Notizen zu den akustischen Versuchen, die Kurt Huber selber durchgeführt hat.

Bei den musikwissenschaftlich-musikhistorischen Arbeiten dominieren die Titel über Ivo de Vento, den Schüler Orlando di Lassos und späteren Landshuter Hofkapellmeister, über den Kurt Huber seine Dissertation verfaßt hat. Neben den bereits an die Bayerische Staatsbibliothek abgegebenen Manuskripten sind allerdings nur noch kleinere Schriften zu diesem Themenkreis im Gesamtnachlaß verblieben.

Zur allgemeinen Musikwissenschaft existieren alphabetisch geordnete Notizen zu Theorie, Stilkritik und Geschichte. Daneben hat sich Kurt Huber aber auch mit außereuropäischer Musik beschäftigt, wie die Materialien zu Koran-Rezitationen und zur Musik von Birma zeigen.

Kurt Hubers zahlreiche Studien zum Volkslied sind hauptsächlich bei der Bayerischen Akademie der Wissenschaften aufbewahrt. Titel wie »Die volkskundliche Methode in der Volksliedforschung« oder »Zur Soziologie des Volkssingens« zeigen uns, daß es Kurt Huber um

mehr ging als um eine bloße Heimat- und Brauchtums-
pflege. Das Sammeln der Volkslieder war für ihn zunächst nur die Grundlage für eine, nicht nur auf den
deutschsprachigen Raum beschränkte, Typologie des
Volksliedes, womit er die Bereiche der Völkerpsycholo-
gie berührte. Sein Bestreben war es, das Volkslied auf
streng wissenschaftlicher Grundlage zu erforschen. Zu
Zugeständnissen, insbesondere politischer Art, war er
nicht bereit.

Den breitesten Raum in diesen Aufzeichnungen nehmen
die Forschungen über die altbayerischen Volkslieder ein.
Aber auch die anderen deutschen Landschaften hat Kurt
Huber systematisch bearbeitet, wie seine Stoffsammlun-
gen zeigen. Ein weiterer Schwerpunkt war noch das
Volkslied des Auslandsdeutschtums, insbesondere das
der deutschen Sprachinsel Gottschee in Slowenien.

Auch mit den organisatorischen Fragen bei der Volks-
liedsammlung hat Kurt Huber sich intensiv beschäftigt.
Die Unterlagen über den Deutschen Volksliedausschuß
und die Korrespondenzen, etwa mit dem Freiburger
Volksliedarchiv, belegen dies.

Mit dem Stichwort »Korrespondenzen« ist ein anderer
wichtiger Komplex des Nachlasses angesprochen. Es
handelt sich um den mit »Personalakten, Korrespondenzen und Verwandtes« bezeichneten Teil. In diesen
Unterlagen sind die persönlichen Dokumente Kurt Hubers, wie z. B. Ausweise u. ä., enthalten.

Auch die eigenen literarischen und kompositorischen
Arbeiten gehören hierher.

Über die Lehr- und Forschungstätigkeit an der Münchner Universität erfahren wir aus den von Kurt Huber
chronologisch gesammelten Unterlagen sehr genau die

Einzelheiten. Die Stationen seiner Universitätslaufbahn lassen sich hier genau nachvollziehen. Parallel dazu geben über seine wissenschaftlichen Kontakte die Korrespondenzen mit Kollegen sowohl der Münchner als auch der anderen deutschen Universitäten Aufschluß. Seine Stellung und Geltung als akademischer Lehrer, der eine starke Anziehungskraft auf die Studenten ausübte, wird sichtbar in den vielen Briefen junger Studenten an ihn, vor allem in den Kriegsjahren. Freilich sind gerade aus dieser Zeit politisch zu gefährliche Aufzeichnungen von Kurt Huber und seiner Frau nach der Verhaftung der Geschwister Scholl noch vernichtet worden.

Aus diesen Teilen des Nachlasses können wir wertvolle biographische Zusammenhänge erfahren. Hier sehen wir nicht nur den Wissenschaftler Kurt Huber, sondern auch den Menschen. Und hier können wir auch seine politische Haltung, schon für die Zeit vor dem Beginn des Krieges, erfahren.

Kurt Huber war in seiner wissenschaftlichen Haltung konsequent und lehnte sich nach 1933 nicht an die dann herrschende Ideologie an. Diese Standhaftigkeit hat ihm in seiner wissenschaftlichen Laufbahn schwere Nachteile gebracht. Konkrete Beispiele dafür finden sich in seinen Unterlagen. Ein zentrales Ereignis war hier seine Berufung an das Staatliche Institut für Musikforschung in Berlin, bei dem er 1938 kurzzeitig die Abteilung für Volkslied leitete[1]. Aus den erhaltenen Briefwechseln mit dem Reichswissenschaftsministerium und auch aus tagebuchartigen Aufzeichnungen Kurt Hubers aus dieser

---

[1] Über die Berufung an das Staatliche Institut für Musikforschung bereitet der Verfasser einen Aufsatz vor.

Zeit wird sichtbar, wie man ihn vonseiten der NSDAP, vor allem vom für weltanschauliche Fragen zuständigen Amt Rosenberg, bekämpfte. Kurt Huber galt dort als politisch unzuverlässig. Systematisch versuchte man dort, die geplante Berufung an das Berliner Institut zu verhindern. Als das wegen der zunächst festen Haltung des Ministeriums nicht gelang, erreichte es das Amt Rosenberg, daß die Berliner Universität Kurt Huber den ursprünglich vorgesehenen Lehrauftrag verweigerte. Schließlich bewirkte das Amt Rosenberg durch seinen beharrlichen Druck doch noch, daß Kurt Huber auf Anraten des Ministeriums freiwillig auf die Stelle am Berliner Institut verzichtete und nach München zurückkehrte.

Kurt Hubers hohes wissenschaftliches Ethos wird in seinen Briefen an das Ministerium deutlich. Er wollte sich, auch um den Preis persönlicher Nachteile, nicht anpassen. Seine Wissenschaft sollte frei von politischem Einfluß sein.

Dokumente einer großen und bewundernswerten menschlichen Haltung sind die Briefe aus dem Gefängnis an die Familie. Diese Briefe aus den letzten Wochen seines Lebens gehören sicher zu den ergreifendsten Zeugnissen des deutschen Widerstandes gegen die nationalsozialistische Unrechtsherrschaft.

Der Nachlaß Kurt Hubers bietet eine Fülle von Material. Nur ein Teil konnte hier angesprochen werden. Eine größere Auswertung hat bisher noch nicht stattgefunden. Es bleibt zu hoffen, daß die wissenschaftliche Aufarbeitung und damit die Würdigung einer der zentralen Persönlichkeiten des Münchner Widerstandes nicht mehr allzu lange ein Desiderat bleibt.

Verzeichnis der Schriften in der Erscheinungsfolge

Ivo de Vento. Ein Beitrag zur Musikgeschichte des 16. Jahrhunderts. 1918 (Dissertation, I. Teil; II. Teil im Nachlaß)

Die Doppelmeister des 16. Jahrhunderts. Eine methodologische Skizze, in Festschrift zum 50. Geburtstag von Adolf Sandberger, München 1918, S. 170 ff.

Birmanische Frauengesänge, in L. Scherman, Im Stromgebiet des Irrawaddy, München 1922

Der Ausdruck musikalischer Elementarmotive. Eine experimental-psychologische Untersuchung, Leipzig 1923 (Habilitationsschrift)

Birmanischer Festgesang, in Asia Major I, 1924

Altbaiern im Lied, in Süddeutscher Rundfunk, München, 27.6.1926

Vokalmischungen und Qualitätensystem der Vokale. Bericht über den IX. Kongreß für exper. Psychologie, München 1926 (vorläufige Mitteilung: endgültige Fassung 1934 s. u.)

Vokaltheorien. Vortrag auf dem I. Kongreß für Stumm- und Sprachheilkunde, 1927 (Auszug)

Musik des Ostens. Original oder Bearbeitung? in Münchner Neueste Nachrichten, 13.5.1928

Erich Becher, in Deutsches Biographisches Jahrbuch 1929, S. 32

Joseph Geyser's Stellung in Logik und Erkenntnistheorie, in Philosophia perennis, Festgabe für Joseph Geyser, II. Band, Regensburg 1930, S. 1143

Oberbayerische Volkslieder mit Bildern und Weisen, 1. Heft, München 1930 (gemeinsam mit Kiem Pauli)

178   *Verzeichnis der Schriften in der Erscheinungsfolge*

Philosophisch-kritische Bemerkungen zur Herbsttagung der kath. Akademiker in Salzburg, in Allgemeine Rundschau 27. Jg. 1930, S. 734

Volkslied – des Volkes Lied, in Bavaria, Wochenschrift für bayerische Kulturpolitik 1. Jg. 1930, S. 11
Altbayerische Dialektmusik und Volkstänze, in Die Heimat, Unterhaltungsbeilage der M. N. N. 4. Jg., 12.8.1931

I. Niederbayerisches Preissingen in Landshut a. I., in Mitteilungen der Deutschen Akademie Jg. 1931, S. 193

Koranrezitationen, in Koranlesung in Kairo von G. Bergsträßer, in Der Islam, Bd. 21, 1931

Volkslied in Niederbayern, in Bayerische Heimat, Unterhaltungsblatt zur Münchener Zeitung 12. Jg., 14.7.1931
Artikel *Rechtspsychologie:* II. Rechtspsychologie im weiteren Sinn, Psychologische Hilfsdisziplinen der Rechtspraxis, in Staatslexikon von Herder 1932, S. 650

Bemerkungen zu einem alten Lied, in Lech-Isar-Land, 1932

Die Preissingen von Traunstein und Weilheim, in Mitteilungen der Deutschen Akademie Jg. 1932, S. 123

Erich Becher als Psychologe, in Archiv für die gesamte Psychologie Bd. 89, 1933, S. 671

Volkslied und Volksmusik, in Bayerland 44. Jg. 1933, Nr. 3/4

Das Weihnachtsfest in Oberbayern vor 50 Jahren. Zur Liedgeographie und musikalischen Stilkritik von August Hartmanns Sammelwerk, in Staat und Volkstum, Festgabe für K. A. v. Müller, Dießen 1933, S. 116

Religion und Volkstum, in Akademische Monatsblätter 47. Jg. 1934, Heft 1

Student und Volksliedpflege, in Akademische Monatsblätter 47. Jg. 1934, Heft 3

Über eine physikalische Beweisführung von W. Köhlers Vokaltheorie, in Archiv für die gesamte Psychologie 92. Bd. 1934, S. 481

Die Vokalmischung und das Qualitätssystem der Vokale, in Archiv für die gesamte Psychologie 91. Bd. 1934, S. 153

Vom Volkslied der Bayerischen Ostmark, in Bayerische Ostmark 3.11.1934

Wege und Ziele neuer Volksliedforschung und Volksliedpflege, in Mitteilungen der Deutschen Akademie Jg. 1934, S. 281

Gottschee-Fahrt 1935, in Mitteilungen der Deutschen Akademie Jg. 1935, S. 673

Zur psychologisch-akustischen Analyse der Sprachmelodie, in Zentralstelle für Sprechpflege und Sprechkunde, herausgegeben von der Deutschen Akademie, 1935, S. 26

Altbayerisches Liederbuch für Jung und Alt, Edition Schott Nr. 2599, Mainz 1936 (gemeinsam mit Kiem Pauli)

Aufbau deutscher Volksliedforschung und Volksliedpflege, in Deutsche Musikkultur 1. Jg. 1936, S. 65

Bosnienfahrt, von Kurt Huber und Walther Wünsch, in Deutsche Musikkultur 3. Jg. 1938, Heft 1

Herders Begründung der Musikästhetik, 1. Teil: Die philosophischen Grundlagen von Herders Musikästhetik, in Archiv für Musikforschung 3. Jg. 1938, Heft 2

Die volkskundliche Methode in der Volksliedforschung, in Archiv für Musikforschung 3. Jg. 1938, S. 257 (Teil I und II; Teil III im Nachlaß)

Volkslied und Volkstanz im bajuwarischen Raum, in Deutsche Musikkultur, 3. Jg. 1938, S. 76

Der künftige Aufbau der Volksmusikforschung, in Deutsche Wissenschaft, Erziehung und Volksbildung, Heft 13, 5.7.1937

Wo stehen wir heute? in Zur Tonalität des deutschen Volksliedes, herausgegeben von Quido Waldmann, Wolfenbüttel und Berlin 1938, S. 73

Musik der Landschaft, Volksmusik in neuen Sätzen. Aus dem bajuwarischen Raum (gemeinsam mit Carl Orff)

Lieder und Tänze, Edition Schott Nr. 3569, Mainz 1942

Zwiefache Tänze, Edition Schott Nr. 3570, Mainz 1942

Aus dem Nachlaß veröffentlicht:

Leibniz und wir, in Zeitschrift für philosophische Forschung, Bd. 1, Heft 1, Reutlingen 1946 (als Vortrag geschrieben 1938/39)

Leibniz, Oldenbourg-Verlag München 1951

Ästhetik, Buch-Kunstverlag Ettal, 1954

Musikästhetik, Buch-Kunstverlag Ettal, 1954

Grundbegriffe der Seelenkunde, Buch-Kunstverlag Ettal, 1954

Aufsätze zur Volksliederkunde, Buch-Kunstverlag Ettal, 1954

Außerdem liegt ein reicher noch unveröffentlichter *Nachlaß* vor (Entwürfe, Fragmente und nahezu fertige Manuskripte von Aufsätzen und Büchern; Vorlesungsskripten; außerdem Vorlesungsnachschriften), der sich auf folgende Gebiete verteilt:

Philosophie

    Logik und Erkenntnistheorie
    Wissenschaftslehre
    Metaphysik
    Ästhetik
    Musikästhetik
    Geschichte der Philosophie (Leibniz, Kant, deutscher Idealismus, Hegel, Philosophie des 19. Jh. nach Hegel, Erich Becher)

Psychologie und Physik

    Allgemeine Psychologie
    Musikpsychologie
    Tonpsychologie
    Vokallehre
    Literatur zum »Universal-Analysator«

Musiktheorie und Musikgeschichte

    (u. a. Ivo de Vento, II. Teil)

Volksmusik:

    (u. a. Die volkskundliche Methode in der Volksliedforschung, III. Teil; zur Katalogisierung des deutschen Volksliedes; Typologie des deutschen Volksliedes)